BIRGIT
SCHROWANGE

Birgit
ungeschminkt
Vom Leben gelernt

Für alle Frauen dieser Erde:
Das Beste zum Schluss

Inhalt

1. Ein paar Worte vorweg 9

2. Fast ein Märchen 13
   Ha Punkt 15
   Mann, ist der dünn! 16
   Kaffee in Karlsruhe 22
   Offenbarung in Stuttgart 25
   Lachen in Lachen 28

3. Märchenprinzen und Machiavellis 33
   Verfallsdatum beachten! 34
   Setz dich an erste Stelle! 36
   Alptraum Alphamann 40
   Eine schöne Bescherung 41
   Wie kannst du mich anklagen! 44
   Alains magische Hände 49
   Wie kann man sich schützen 53

4. Frauen und all ihre Hüte 61
   Frauen als Töchter 62
   Bin ich eine gute Mutter? 70
   Frauen im Job 80
   Frauen als Partnerin 88
   Frauenfreundschaften 94
   Schönheitswahn – Plastikbusen im Meer 100

5. Finanzen? – Das macht der Heinz! ... 105
Die Macht unserer Glaubenssätze ... 109
Altersarmut ist weiblich ... 111
Geld verdirbt den Charakter? ... 113
Mach dich schlau, Frau! ... 116
Sparpotenzial – größer als man denkt! ... 118
Ich kauf mir was! – Brauch ich das? ... 119
Folge deinen Träumen! ... 121
Sparen im Alltag – Tipps & Tricks ... 125
Investieren – Aktien statt Schuhe ... 132
Eiskalte Fakten: Investieren statt Sparen! ... 136
Mythen über Aktien ... 138
ETF – ein Sparplan, der rockt! ... 139
Schritt für Schritt zum ETF-Sparplan ... 141
Vorteile ETF – kurz und knapp ... 144
Risiko – das kann ich wagen ... 145
Frauen, die besseren Anleger ... 147
Regeln statt Reue ... 149
Frösche küssen? – Kröten zählen! ... 152

6. 40 Jahre Fernsehen – Danke! ... 155
Schulfunk – Putzfrau auf Sendung ... 161
Puff & Suff – Dich kenn ich doch! ... 162
SO fährt man einen Rollstuhl ... 163
New York – Dildo de Luxe ... 167
Champagner-Jochen versteht Spaß ... 170
Dienstags ist der beste Tag ... 174
In den Fängen von Sünde und Schuld ... 176
Gehen wenn's am schönsten ist – RTL ... 181

7. Loslassen – Das Beste zum Schluss **185**
Hilfe Cellulite! – Wie komm ich ins Wasser? 189
Ab 50 steigt das Glück 193
Bis 80 jung sein – warum nicht? 195
Inventur: Was mir guttut 197
Ja! – Jetzt sag ich Nein! 200
Achtsam vom Außen ins Innen 201
Das große Glück in kleinen Dingen 203
Fettnäpfchen und Narrenfreiheit 204
Auf zu neuen Ufern! 205

Ein paar Worte vorweg

Ein Buch ist wie ein Garten, den man in der Tasche trägt.
ARABISCHES SPRICHWORT

Jetzt ist meine beste Zeit – mit diesem Lebensgefühl hatte ich mich schon 1998 überzeugt auf der Rückseite meines ersten Buches verewigt. Heute, 20 Jahre später, muss ich dieses Statement korrigieren. Ich hab es damals weder wissen noch ahnen können, doch: Jetzt ist meine beste Zeit!

Nun mögen Sie sich fragen: Da lässt Birgit Schrowange die sattesten und blühendsten Lebensjahre und ein spannendes Berufsleben hinter sich, ist obendrein ja auch inzwischen grau und hat doch bestimmt wie jeder andere älterwerdende Mensch das eine und andere Zipperlein – und das Leben soll jetzt besser sein?

Ja, so empfinde ich es. Denn eines übersehen viele Frauen, wenn sie älter werden: Wir Frauen lassen nicht nur Liebgewonnenes los wie Jugend, Schönheit oder Beruf. Wir gewinnen auch Wertvolles hinzu, das wir zuvor so nicht in unserem Leben hatten: größere Gelassenheit, intensivere Achtsamkeit, höheres Glücksempfinden zum Beispiel. Und wer wie ich schon in jungen Jahren die finanzielle Altersvorsorge auf den Weg gebracht hat, gewinnt noch etwas sehr Wichtiges: Freiheit.

Auf diese Freiheit darf ich mich nun freuen. Mir ist dabei natürlich bewusst, dass ich heute privilegiert bin und mir nicht wie viele andere Frauen um meine Rente Sorgen machen muss. Richtig ist aber auch: Ich habe als junge Frau ganz klein angefangen und alles, was ich heute habe und bin, mit sehr viel Fleiß, Disziplin und Sparsamkeit erarbeitet. Daher kann ich mich trotz meiner heutigen komfortablen Situation sehr gut in Frauen hineinversetzen, die sich in schwierigen und herausfordernden Lebenslagen befinden. All diesen Frauen will ich Mut machen und sie inspirieren, ihrem

Lebensentwurf eine neue Richtung zu geben. Es gibt natürlich nicht das Patentrezept für alle Frauen dieser Erde. Jede Einzelne von uns Frauen befindet sich in einer ganz individuellen Situation und Lebensphase mit ganz unterschiedlichen Träumen, Wünschen und Zielen. Doch eines eint uns alle immer: die Möglichkeit, etwas in unserem Leben zu verändern.

Ein sehr wichtiges Thema in diesem Zusammenhang, das zu meinen zentralen Antreibern für dieses Buch gehörte, ist das Thema Frauen und Finanzen. Es gibt angesichts der drohenden weiblichen Altersarmut kaum etwas Wichtigeres für eine Frau, als finanziell unabhängig zu sein, und das in jeder Lebensphase. Weil dies so wichtig ist, habe ich dem Thema im Buch viel Raum gegeben, um Frauen eine Art kleines Starterkit an die Hand zu geben mit Impulsen, die eigene finanzielle Situation zu reflektieren, einzuschätzen und schließlich zu verbessern. Für junge Leserinnen, die ihr ganzes Leben noch vor sich haben, können meine Gedanken zum Thema Finanzen ausgesprochen hilfreich sein, um jetzt Vorsorge für späteren Wohlstand zu treffen. Doch auch die Leserinnen älteren Semesters haben noch die Chance, mit kleinem Einsatz ein paar schöne Ersparnisse zu erlangen. Jede dritte Frau hierzulande ist über 50, und wenn man sich die heutige hohe Lebenserwartung vergegenwärtigt, liegt ja fast eine genauso große Lebenszeit noch vor uns, so dass sich langfristiges Sparen für ältere Frauen ebenfalls lohnen kann.

Mein Herzensthema Finanzen ist umrahmt von einer kleinen Reise durch die große Welt des Frauseins mit all ihren Facetten: amüsante Episoden aus meinem Leben vom Multitasking-Mythos über Perfektions- und Schönheitswahn, die Beziehung zu den Eltern, Herausforderungen alleinerziehender Mütter, Frauenfreundschaften bis hin zu Liebschaften mit Märchenprinzen und Machiavellis.

Apropos Märchenprinzen: Ein weiterer Antreiber zu diesem neuen Mutmach-Buch für Frauen war nach zehn Single-Jahren das sagenhafte Geschenk einer neuen Liebe. Die fast märchenhafte, aber auch witzige Geschichte, wie

Frank und ich zusammenkamen, habe ich bisher noch nie komplett erzählt. In diesem Buch lesen Sie zum ersten Mal die ganze ‚Lovestory', die nicht nur für mich persönlich etwas Besonderes war. Sie zeigt auch sehr deutlich, wie wichtig es ist, dass ergrauende Frauen sich von dem Glaubenssatz befreien, sie seien nicht mehr attraktiv. Ich möchte Frauen von ganzem Herzen Mut machen und sie ermuntern, offen und neugierig zu bleiben für eine neue späte Partnerschaft.

Der dritte und letzte Antreiber für mein Buch ist der Abschied von meiner Fernsehkarriere. Im Dezember 2019 gingen 40 erlebnisreiche Jahre vor der Kamera zu Ende. Danke sagen – auch dafür möchte ich mein Buch nutzen!

Und schlussendlich: der Blick nach vorn. Ich schicke meine Gedanken natürlich jetzt vor allem in die Zukunft, reflektiere die vielen spannenden Möglichkeiten, die es gibt, um das weitere Leben im Rentenalter zu gestalten. Gute Gesundheit vorausgesetzt, gibt es eine Fülle an Aufgaben, Erlebnissen, Tätigkeiten, Abenteuern, Hobbys oder Angeboten für ältere Menschen. Ich wünsche mir sehr, dass das Buch vor allem Sie, liebe ältere Leserinnen, inspirieren kann, Ihrer reifen Lebensphase neuen Wert und neue Bedeutung zu geben und Ihr Leben, falls Sie es nicht bereits getan haben, aktiv nach ihren Wünschen und Träumen zu gestalten. Denn das wäre wirklich das Größte, wenn Sie nach der Lektüre genau das sagen, was pink auf schwarz auf meinem neuen Buch geschrieben steht: Das Beste zum Schluss!

Viel Freude bei der Lektüre!

Fast ein Märchen ...

Alles worauf die Liebe wartet, ist die Gelegenheit.
MIGUEL DE CERVANTES

Die große Liebe – ich hatte gar nicht mehr daran geglaubt. Und mich auch nicht wirklich mehr damit beschäftigt. Denn mein Leben als Single war schließlich nicht schlecht. Oder um es positiv auszudrücken, was ich ohnehin viel lieber mache: Es war gut. Das Leben fühlte sich einfach gut an. Auch nach zehn Singlejahren noch. Mein Leben hielt mich täglich in Bewegung, mein spannender Job, meine Aufgaben als alleinerziehende Mutter eines aufgeweckten Sohnes, die Pflege meiner wichtigen Freundschaften oder natürlich auch familiäre Pflichten. Klar hatte ich auch immer mal den einen oder anderen Bewerber. Nie jedoch war einer darunter, der meinen Herzschlag so beschleunigt hätte, dass sich infolgedessen ein paar vollreife Schmetterlinge doch noch mal unter meine ebenso vollreife Bauchpelle verirrten. Und das war in Ordnung. Genauso wie es in Ordnung gewesen wäre, wenn sich ebendies doch ereignet hätte. So oder so – ich war erfolgreich auf dem Weg zu jenem Ziel, mit dem ich mein letztes Buch vor einigen Jahren geschlossen hatte: eine coole Alte zu werden.

Eine eigenartige Wendung nahm mein Leben auf einmal, als ich den Entschluss gefasst hatte, mir nicht mehr die Haare zu färben. War in Sachen Amor jahrelang wirklich gar nichts gelaufen, so hatte ich plötzlich – mit Perücke auf dem Kopf, unter der mein kurzgeschorenes Echthaar im Verborgenen endlich freie Bahn zur Entfaltung hatte – sogleich einen Bewerber, der sich um mich bemühte. Seltsam, dachte ich. Es hatte sich ja, von außen betrachtet, zunächst nicht wirklich etwas verändert. Mein falsches Haupthaar war so kunstvoll gefertigt, dass es meiner alten Frisur, mit der ich mich nun schon so viele Jahre der Öffentlichkeit präsentierte, im wahrsten Sinne des Wortes haargenau glich.

Etwas anderes war passiert, das mit Äußerlichkeiten nichts zu tun hatte. Es war meine klare Entscheidung, einen Schlusspunkt unter das jahrelange Haarefärben zu setzen. Im Grunde war es immer mein Wunsch gewesen, das bereits frühe Ergrauen meines dunkelbraunen Schopfes ganz unverkrampft zuzulassen. Denn ich habe eigentlich nie verstanden, warum der Einzug des Silberstichs ins Herrenhaar mit gleichzeitig zunehmenden Rissen in der Fassade den Testosteron-Score des jeweiligen Haar- und Faltenträgers noch mal so richtig in die Höhe schnellen ließ – während für ergrauende Damen der Zug ganz unweigerlich abgefahren war, wenn es um Attraktivität, Weiblichkeit oder Sex-Appeal ging.

Nun hatte ich entschieden: Ich mach das jetzt. Ich lasse mein Naturhaar wachsen. Schluss mit dem seltsamen Schönheitswahn. Es war höchste Zeit, sich endlich darüber hinwegzusetzen – über die zahllosen Entsetzensschreie, den Um-Gottes-Willen-Unmut und das Unisono-Urteil: Das kannst du doch nicht machen! – Doch, kann ich!

Und es war klar: Diese eigenartige Wendung, die mein Leben dann also nahm, hing zweifellos damit zusammen, dass ich unter meiner Perücke endlich auf dem Weg zu mir selbst war. Die Haare waren die eine Sache. Aber auch in übrigen Lebensbereichen hatte ich begonnen Dinge zu tun, die mich erfüllen. Zuerst hatte ich den Hund in mein Leben geholt, dann nahm ich Gesangsunterricht, weil mir Singen so viel Freude macht. Dann kam das Haus auf Mallorca, das ich mir schon immer gewünscht hatte. Jeder Mensch sollte sich seine kleinen Glücksinseln erschließen. Es muss kein Haus auf Mallorca sein, es kann auch ein Schrebergärtchen oder eine kleine Blumenoase auf Balkonien sein. Oder ein ganz anderes ureigenes kleines Glück, wie bei mir schließlich noch die Entscheidung für meine natürliche Haarfarbe. Mit all diesen Veränderungen begann auch ich selbst mich zu verändern. Ich schaute anders in die Welt, fühlte mich rundum im Einklang mit mir. Es war das perfekte Gefühl, diesen ersten Schritt zum Ich gemacht zu haben. Der Schritt, der meine komplette Ausstrahlung verändern sollte, und dies bereits als mein Vorhaben eigentlich noch gar nicht nach außen hin sichtbar war. Zu dieser neuen Authentizität gehörte, dass die Männerwelt plötzlich vermehrt Interesse an mir zeigte. Ich will jetzt nicht behaupten, dass die Verehrer auf einmal wie Pilze aus dem Boden schossen, aber – es tat sich etwas, ich strahlte nach außen…

Ha Punkt

**Das Leben ist wie ein Theaterstück.
Es kommt nicht darauf an, wie lang es ist, sondern wie bunt.**
LUCIUS ANNAEUS SENECA

Das erste Date war nicht nur wegen der vielen Abstinenz-Jahre vom Liebesleben eine Herausforderung. Neben der Tatsache, dass ich mir wieder vorkam wie ein Schulmädchen, hatte ich ja noch ein anderes ‚Problem‘: die Perücke. Ausgesprochen lebhaft ist mir in Erinnerung, als mein erstes Date – nennen wir ihn Diskretion und Datenschutz zuliebe Ha Punkt – mich zum Rendezvous mit einem Oldtimer abholte: einem Cabrio! Ich war total entsetzt. Da stand ich kreidebleich und dachte nur noch an meine Perücke. An den Fahrtwind. An das Desaster, wenn ein Windstoß mein Haar in die Luft riss und ich dann da zurückblieb auf dem Beifahrersitz mit meinem abgebrannten Stoppelfeld auf dem Kopf. Ich schob die wildesten Filme, stand angewurzelt da, schnappte nach Luft und hielt selbige an.

„Magst du keine Oldtimer?", fragte Ha Punkt irritiert.

„Doch, doch", versuchte ich ihn gefasst zu überzeugen, „aber kann man das Verdeck auch zumachen? Geht das vielleicht auch?"

Es ging nicht. Ich versuchte, fröhlich zu lächeln, doch muss ich eher gequält ausgesehen haben, als ich zu ihm ins Auto stieg. Wir waren kaum gestartet, da griff ich schon hektisch nach meinen Haaren. Bei jeder Beschleunigung und stärkeren Windstößen klappte die Perücke so komisch nach oben auf. Was für ein Alptraum, ich war total im Stress.

Nun, es hat nicht geklappt mit Ha Punkt. Nicht wegen dieser toupetuntauglichen Fahrt im Cabrio. Es fehlte einfach der entscheidende Funke zwischen uns. Da konnte er noch so nett sein – und das war er, ich habe ihn und unsere kurze Verbindung in sehr guter Erinnerung. Aber es zündete nicht, wie es sein sollte, und so beendeten wir schließlich die Sache.

Mann, ist der dünn!

Die Menschen, die in dein Leben gehören, werden immer wieder zu dir hingezogen. Egal, wie weit sie sich entfernen.
UNBEKANNT

Einige Zeit später ging es auf Reisen. Mit meinem Sohn Laurin, meinem besten Freund Gerrit und dessen Freund Kevin begab ich mich auf Kreuzfahrt. Übers Meer gleiten, den Blick und die Gedanken in die Ferne schweben lassen, einfach mal nichts tun, das ist für mich die perfekte Erholung. Ich liebe Wasser, Wind und Wellen – wunderbar.

Mit dem Wind war das natürlich diesmal so eine Sache. Ich dachte an das Cabrio. Und während ich sonst auf einer Schiffsreise die meiste Zeit an Deck verbringe, traute ich mich jetzt kaum raus. Der Gedanke daran, wie ich da draußen stehe und in einem eventuellen Moment der Unachtsamkeit ein Windstoß sich mein Haar zu eigen macht und die Perücke sodann durch die Lüfte trägt, wo sie schließlich als kleiner Punkt am Horizont verschwindet, trieb mich daher in die Isolation meiner Kabine. Ich hatte das Glück, eine sehr schöne Kabine mit einem kleinen eigenen Balkon zu bewohnen – die perfekte Zuflucht für paranoide Perückenträgerinnen.

Drei Tage bevor das Schiff nach einer wunderschönen Reise durch den Norden wieder anlegte, kam die Moderatorin der Abendshow mit dem Wunsch auf mich zu, ich möge doch vor dem Ende der Kreuzfahrt abends einmal in ihre Show kommen. Wenngleich ich eigentlich in sehr privater Mission auf dem Schiff war, nämlich ganz schlicht, um Urlaub zu machen – warum sollte ich der Kollegin diesen Gefallen abschlagen? Ich sagte zu, zumal ich eines auf der Showbühne ja nun wirklich nicht zu befürchten hatte: Wind.

Abends in der Show nach etwas Talk und Unterhaltung auf der Bühne fiel dann – ohne dass ich etwas davon ahnte – ein besonderer Startschuss in eine wunderbare Beziehung.

„Sag mal, wir sind ja ein Alter", begann meine Kollegin die entscheidende Frage, „also, ich bin mit den Männern durch, ich brauch das nicht mehr. Aber wie sieht's denn bei dir aus?" Zu jener Zeit waren wir beide 59.

„Doch! Ich will noch einen! Klar doch! Vielleicht ist ja hier ein netter Single-Mann?", entfuhr es mir im Brustton der Überzeugung. Auf der Suche war ich zwar nicht, doch fernab von allem, was mit Männern zu tun hatte, war ich nun auch wieder nicht.

„Ja, wenn hier Single-Männer sind, bitte melden!", ermunterte die Moderatorin ohne Zögern das Publikum. Neugierig schaute ich ins Publikum und schob noch vorwitzig hinterher: „Hier kann man ja nicht weglaufen!"

Sogleich ging ein Arm hoch. Der Arm eines Single-Mannes, der sich kurz darauf bei uns auf der Bühne befand. Es folgten erwartungsgemäß Gelächter, Witze, Rumalbern – kurz: leichte Unterhaltung. Und ich stand dort mit diesem Single-Mann, schwitzte unter meiner Perücke und dachte nur: *Ist der aber dünn – der ist ja ganz dünn.*

Ich fand diesen Single-Mann in erster Linie dünn. Auch sein Arm, der zuvor aus dem Publikum in die Luft geragt hatte: dünn. Wie ich wohl neben ihm aussah? Je dicker der Mann, umso schlanker wirkt man neben ihm, das ist mein absolutes Credo. Neben ihm musste ich ziemlich dick aussehen. Ich war nicht wirklich überzeugt von dieser Partnervermittlung, doch als unterhaltsames kleines Intermezzo und Spaß für die Schiffsgäste war diese Episode in der Show natürlich herrlich. Als der Bewerber die Bühne wieder verließ, um sich zurück an seinen Tisch zu setzen, fühlte ich mich auch schon wieder ein bisschen schlanker.

„Wow, der war aber toll!", sprudelte es nach der Show aus meinem Freund Gerrit hervor. „Das war ein netter Typ, das war ein richtig Toller! Der isses!"

„Der war dünn!", war mein kurzes Qualitätsurteil.

„Wie bitte???" Gerrit war fassungslos. „Der war absolut super! Den suchen wir jetzt für dich!"

Während ich mit Autogrammen und Selfies beschäftigt war, konnte ich beobachten, dass der Single-Mann noch eine Weile an seinem Tisch saß. Mit einem jungen Mädchen, das vielleicht seine Tochter war. Dann war er plötzlich weg. Und ich fing an zu grübeln: Vielleicht war er ja doch ganz gut?

„Aber er war schon ziemlich dünn, oder?", beharrte ich noch immer, als wir auf dem Weg in die Abendbar waren.

„Den kannst du doch füttern! Der muss ja nicht dünn bleiben!" Gerrit amüsierte sich königlich.

Dann tigerten wir durch die Bars auf diesem riesengroßen Schiff, in der Hoffnung den Mann zu finden. Doch wir hatten kein Glück. Er blieb verschwunden. Dass er zur selben Zeit ebenfalls durch die Bars tigerte, um mich zu finden, wusste ich nicht. Wir liefen aneinander vorbei, die ganze restliche Zeit der Reise.

Drei Tage später legten wir in Kiel an. Die Reise war zu Ende. Der Zug von Kiel nach Hamburg für die erste Etappe unserer Heimfahrt nach Köln traf zehn Minuten früher ein. Zeit genug, bereits einzusteigen und schon mal in Ruhe das Gepäck zu verstauen. Laurin, im magischen Bann seines Smartphones, schien jedoch nicht ansprechbar. Gerrit stürmte ganz plötzlich wie von der Tarantel gestochen aus dem Zugabteil. Kevin war auch nirgends zu sehen. Was für eine Inszenierung, um nicht beim Kofferverstauen zu helfen, dachte ich! Ich schüttelte verständnislos den Kopf und wuchtete die Koffer energisch in die Ablage über mir. „Geht doch", hörte ich Laurin triumphieren und hielt schon den Atem an über diese Unverfrorenheit. Dann sah ich, dass er mit seinem Smartphone sprach ...

Als alles untergebracht war und ich schon eine Weile auf meinem Platz saß, kam Gerrit zurück ins Abteil.

„Was sollte denn das?", wollte ich nun doch wissen.

„Ach, nichts, ich dachte, ich hätte jemanden gesehen", antwortete er und ließ sich auf den Sitz plumpsen. Als sich der Zug in Bewegung setzte, tauchte auch Kevin wieder auf.

Gerrit war nicht nur ein wunderbarer Freund und Gesanglehrer, er hatte offensichtlich auch ein verborgenes Schauspieltalent. So ganz die Wahrheit hatte er da nämlich nicht gesagt. Denn er hatte nicht nur *gedacht*, jemanden gesehen zu haben. Er *hatte* jemanden gesehen. Dieser Jemand war Frank, der Single-Mann. Kaum waren wir in unseren Zug gestiegen, als Gerrit ihn durchs Fenster unseres Zugabteils in der Menschenmenge erblickte. Jetzt durfte Gerrit keine Zeit verlieren, er musste raus aus dem Zug und ihn erwischen, bevor er uns wieder durch die Lappen ging wie an jenem Abend nach der Show. Wie nach einem Hochleistungssprint hatte Gerrit nur kurze Zeit später das Ziel erreicht. Sportlich atmend baute er sich vor Frank und seiner Tochter Daniela auf.

„Warte kurz, bitte, ich muss dir was sagen", startete Gerrit voller Entschlossenheit seine Mission und schaute Frank mit dramatischer Miene an.

Frank war irritiert. Was wollte dieser Mann? Was war los mit ihm? Schweigend und staunend stand Frank da.

Gerrit holte tief und energisch Luft und entlud seine Botschaft:

„Ich bin Birgits Freund Gerrit und hab euch beide ja auf dem Schiff gesehen – und im Ernst, schon auf dem Schiff dachte ich, wenn ich dich dort oder sonst wo noch mal sehe, sag ich es dir. Ich *muss* euch einfach zusammenbringen – ich hab ganz einfach das Gefühl, ihr passt zueinander!"

Frank war noch immer irritiert. Hilfesuchend wanderte sein Blick zu seiner Tochter Daniela. Die Einschätzung der jüngeren Generation war bei solch exotischen Abenteuern Gold wert.

„Papa, dem kannste vertrauen", beruhigte Daniela ihren verwirrten Vater amüsiert, „der ist in Ordnung, das seh ich."

Gerrits Plan ging auf. Und als er zurück in den Zug kam und mich auf meine Frage, was sein plötzlicher Sprung aus dem Zug denn sollte, mit halben Wahrheiten versorgte, hatte er Franks Kontaktdaten sicher verwahrt in der Tasche.

In Hamburg mussten wir umsteigen. Ein großer Pulk Menschen drängte aus dem Zug nach draußen. Fahrgäste, die ihr Ziel erreicht hatten, und Weiterreisende wie wir, die nach ihren Anschlussverbindungen suchten. Wir standen auf dem Bahnsteig und orientierten uns. Und auf einmal sah ich ihn – den Single-Mann! In Begleitung des jungen Mädchens, das in der Show mit ihm am Tisch gesessen hatte. Es war Frank mit seiner Tochter Daniela.

Nachdem das Schiff ihn während der vergangenen Tage rückstandslos absorbiert hatte, musste es ganz klar Karma sein, dass derselbe Zug uns in Hamburg ausspuckte und er nun also wie aus der Asche gestiegen plötzlich vor mir stand. Zu diesem Zeitpunkt wusste ich noch nicht, dass er mir später erzählen würde, wie Daniela an jenem Morgen in Kiel getrödelt hatte und sie den ursprünglich geplanten früheren Zug daher nicht mehr erwischen konnten.

Frank hatte mich ebenfalls bemerkt. Während ich da nur stand und starrte, kam er zielstrebig auf mich zu und begrüßte mich herzlich und ungezwungen. Küsschen links, rechts, links – mir wurde ganz warm, ich spürte, wie ich verlegen wurde, und vergaß vollkommen darüber nachzudenken, ob ich denn nun schlank oder mopsig neben ihm wirkte. Denn *in* meinem Kopf spukten natürlich zuverlässig die Gedanken um die Lage *auf* meinem Kopf: meine Perücke! Saß sie auch wirklich perfekt? Wie sah ich wohl aus? Frank indes trieben andere Gedanken um. Er dachte mit innerer Erheiterung an sein Gespräch mit Gerrit kurz zuvor. Er scannte unser Grüppchen aufmerksam. Besonders viel wusste er ja nun immer noch nicht über mich und meine Reisegesellschaft. Gerrit und Kevin, zwei kernige hochgewachsene junge Kerle – sie gingen glatt als meine Bodyguards durch. Dazwischen Laurin, der pausenlos auf sein Smartphone starrte. Die zehn Minuten, die wir dort standen und quatschten, kamen mir vor wie eine Ewigkeit. Doch als Frank sich dann verabschiedete, ging mir alles viel zu schnell. Warum fragte er mich nicht nach meiner Nummer oder gab mir seine? Sollte ich ihn fragen? Andererseits würde er doch fragen, wenn er Interesse hätte? Ich traute mich nicht, irgendetwas zu unternehmen, wir verabschiedeten uns und dann trennten sich unsere Wege.

Er steht einfach nicht auf dich, ging mir durch den Kopf, und ich dachte dabei an den gleichlautenden und unterhaltsamen Single-Frauen-Ratgeber: *Er steht einfach nicht auf dich*. So war es halt.

Als Frank wieder in der Menge der Reisenden verschwunden war, fuhr am Gleis gegenüber unser Anschlusszug nach Köln ein. Wir suchten unsere Plätze, Gerrit, Kevin und Laurin versorgten unser Gepäck. Ich ließ mich am Fenster auf meinen Platz sinken, beobachtete das Treiben draußen auf dem Bahnsteig und dachte an Frank.

„Mensch, das war aber wirklich ein Netter, oder?" Ich ließ meinen Blick von einem zum anderen meiner drei Männer wandern und suchte nach Zustimmung. „Aber der steht einfach nicht auf mich, er hat mich ja nicht mal nach meiner Nummer gefragt."

Laurin verdrehte genervt die Augen. Kevin schwieg. Gerrit grinste.

„Was grinst du so? Das ist doch nicht lustig!" Ich fühlte mich unverstanden. Laurin war vollkommen desinteressiert und spielte schon wieder mit seinem Smartphone. Kevin schaute zu Gerrit und der grinste noch frecher. Ich war enttäuscht von ‚meinen' Männern, wandte mich ab und schaute wieder aus dem Fenster. Gerrit knuffte mich freundschaftlich einlenkend in die Seite.

„Hab die Nummer ...", flüsterte er geheimnisvoll.

„Waaas???" Mir rutschte das Herz nicht nur in die Hose, sondern es plumpste in freiem Fall geradewegs bis in meine Schuhe.

„Ja, also, Franks Nummer", triumphierte Gerrit, „ich hab sie." Und er erzählte, wie er Frank in Kiel gesehen hatte, als wir in den Zug gestiegen waren. Ich wollte zunächst gar nicht wissen, wie Gerrit das alles auf die Beine gestellt hatte. Jedenfalls hatte er die Nummer.

„Du kannst ihn nun anrufen."

„Niemals! Das kann ich nicht!", wehrte ich ab. „Gib ihm meine E-Mail-Adresse. Wenn er wirklich Interesse hat, kann er mir schreiben."

Als ich zu Hause eintraf, hatte ich E-Mail.

Kaffee in Karlsruhe

Das eigentliche Mysterium der Welt ist das Sichtbare, nicht das Unsichtbare.
OSCAR WILDE

Die darauffolgenden Wochen habe ich mindestens so viel meiner freien Zeit am PC oder Smartphone verdaddelt wie mein Sohn Laurin. Frank und ich schickten einander E-Mail, WhatsApp und manchmal telefonierten wir auch. So lernten wir uns immer besser kennen. Ich hatte gute Laune, viel Energie und war total tiefenentspannt bei Dingen, die mir sonst auf den Geist gingen. Man könnte auch sagen: Ich war verliebt, oder sagen wir so: auf bestem Wege dorthin, denn wir hatten uns ja noch nicht wirklich richtig getroffen. Bevor wir uns zum ersten Mal trafen, musste Frank beruflich noch viel reisen und auch ich hatte viele Termine. Dann endlich lockten die ersten Zeitfenster zur Begegnung. Wir zögerten nicht und machten Nägel mit Köpfen.

Das erste Date stand schließlich fest. Wir hatten uns auf die wunderschöne und für frisch Verliebte geradezu prädestinierte und weltbekannte romantische Stadt Karlsruhe geeinigt. Na gut, das war ein Witz – doch war Karlsruhe tatsächlich die auserwählte Stadt, der erste Kompromiss in unserer sich anbahnenden Romanze. Meinem Vorschlag nach Köln zu kommen, wollte Frank nämlich aufgrund einer dort nicht ganz so glücklich verlaufenen verflossenen Liebschaft nicht folgen (nie wieder nach Köln, hatte er sich eigentlich geschworen). Und seinen Vorschlag, ich möge stattdessen doch in seine Geburtsstadt Offenburg kommen, lehnte ich ebenfalls ab. Wenn er nicht nach Köln wollte, würde es natürlich auch keinen Offenburger Heimvorteil für ihn geben. So war Karlsruhe unser Kompromiss – die goldene Mitte.

Dann war es soweit, bei brüllender Hitze saß ich im mäßig klimatisierten Zug nach Karlsruhe. Unter der Schale, in die ich mich geworfen hatte, verdampfte ich buchstäblich. Wie sagt man doch? Wer schön sein will, muss leiden. Ich litt. Und hoffte, dass ich in Sachen Schönheit wenigstens die richtigen Register gezogen hatte mit meiner engen Lederhose, mit der ich bei meiner Ankunft in Karlsruhe gefühlt für immer unlösbar verschmolzen war.

Ich stieg aus dem Zug, zupfte meine lockere Seidenbluse zurecht und stöckelte in meinen hohen Schuhen den Bahnsteig entlang. Dann erblickte ich Frank. Jeans und T-Shirt, Sportschuhe. Das war ganz klar die Männer-Backmischung nach meinem Geschmack – so wie ich es immer beschrieb, wenn die Frage nach meinem Traummann-Backrezept kam: eine Mischung aus Marlboro-Mann und Cowboy wollte ich immer. Genau das war Frank. Sich verbiegen? Niemals. *Entweder nimmt sie mich, wie ich bin,* war sein Gedanke. *Oder eben nicht.* Das gefiel mir sehr an ihm.

Mein Glück war auch, dass er mich ganz unvoreingenommen kennenlernte, da er in den 90er Jahren beruflich viel Zeit in Kolumbien verbracht hatte, später in die Schweiz zog und mich daher nur ganz vage aus früheren ZDF-Zeiten kannte. Meine RTL-Jahre hatte er überhaupt nicht mitbekommen. Wahrlich ein Geschenk des Himmels, denn so hatte er nicht gleich eine vorgefasste Meinung. So oft nämlich habe ich erlebt, dass Männer sich aufgrund meiner Prominenz schon vor einer Begegnung ein Bild von mir gemacht haben. Doch dieses Bild und die Realität hatten eigentlich nur selten etwas gemeinsam. So kommt es oft vor, dass Menschen mich kennenlernen und erstaunt sagen, dass ich im Fernsehen anders wirke. Seriös und perfekt nehmen sie mich wahr. Die nackte Wahrheit aber ist: Ich bin alles andere als das! Chaotisch bin ich, lebensfroh und lustig, ja, ich kann wahnsinnig albern sein. Und ich glaube, mir ist während meines ganzen Lebens tatsächlich in dieser Hinsicht etwas wirklich gut gelungen: Ich habe mir immer noch ein bisschen Kind bewahrt. Heute kann ich sagen: Das tat und tut mir damals wie heute richtig gut. Es ist so, Fernsehen verfremdet, und je nachdem, welches Format man präsentiert, gestaltet sich auch die eigene Außenwirkung.

Jedenfalls gefiel mir die Art und Weise, wie Frank hier ins Rennen ging, ausgesprochen gut. Letztlich spiegelte sein Auftritt zu 100 Prozent auch meine Einstellung und Wünsche wider: so angenommen zu werden wie ich bin und daher auch vollkommen authentisch zu sein. Wenn ich diese Haltung aber doch teilte, wieso zum Himmel stand ich dann selbst so overdressed vor ihm? Offensichtlich hatten die Schmetterlinge in meinem Bauch sämtliche Funktionszentren für klaren Geist und sinnhaftes Handeln lahmgelegt. Wie auch immer, da musste ich nun durch. Welch ein Glück, dass Frank so eine sagenhafte Ruhe und Souveränität ausstrahlte und die totale Inkongruenz meiner Erscheinung wohlwollend übersah. Seine Gegenwart tat gut, seine unaufdringliche, herzliche Begrüßung fühlte sich gut an, ganz mühelos kamen wir ins Gespräch und setzten uns schließlich in Bewegung, ein Café zu finden.

Natürlich setzte ich alles daran, mir nicht anmerken zu lassen, dass ich mein Schuhwerk für einen Spaziergang vollkommen ungeeignet fand – mit mäßigem Erfolg, denn bereits nach kurzer Stöckel-Strecke am Bahndamm entlang sah Frank mich besorgt an.

„Kannst du noch laufen?"

„Klar. Kein Problem!", log ich. Mir taten die Füße weh in diesen blöden Schuhen, die Knie schmerzten, es war eine Bullenhitze in der knallengen Lederhose, und es gab ja auch noch ein anderes verborgenes Saunaparadies: mein Kopf unter der Perücke! Ich schwitzte extrem ... doch auf keinen Fall wollte ich mir was anmerken lassen – alles super, redete ich mir hartnäckig ein, alles super ...

Als wir nach einer Weile in einem unspektakulären Café gelandet waren, spürte ich riesige Erleichterung. Endlich sitzen, dachte ich. Doch als mein Körper schließlich entspannen konnte, ging das Kopfkino wieder los. Denn je mehr Frank mir in seiner natürlichen Art gefiel, desto mehr dachte ich über meine eigene Natürlichkeit nach. Mein übertriebenes Outfit, meine schlanke Figur – ich befand mich zu jener Zeit in einem Werbevertrag mit Weight Watchers und hatte 8 Kilo weniger als sonst – und dann die Perücke, unter der nun seit ein paar Monaten mein neues Ich entstand. So sehr ich auch ein Fan der Natürlichkeit war – im Moment war ich ein richtiger Fake. Ich musste ihm die Sache mit der Perücke sagen. Aber wie? Ich bekam es nicht raus. So lange saßen wir in dem Café, so kurzweilig und wunderbar verging die Zeit, wir redeten und redeten, wirklich über Gott und die Welt, aber – ich bekam es nicht raus. So hatte ich, als es dann Zeit für den Zug nach Hause war, mein Geheimnis immer noch im Gepäck. Was jedoch sowohl für ihn als auch für mich immer transparenter wurde: Wir hatten uns ineinander verliebt. Als am Bahnhof mein Zug einfuhr, hatten sich zu den Schmetterlingen im Bauch schon Flugzeuge gesellt. Und wir wussten, dass wir uns wiedersehen würden.

Offenbarung in Stuttgart

**Der Schleier, der eure Augen umwölkt,
wird gehoben werden von den Händen, die ihn webten.**
KHALIL GIBRAN

Bevor wir in Stuttgart in die zweite Runde der Begegnung gingen, hatte mein Haar wieder etwas Zeit zu wachsen. Ich war total überzeugt von meinem neuen Ich, das ich im geschützten Raum meiner Wohnung meist unversteckt präsentierte, wo es immer mehr und immer besser zur Entfaltung gelangte. Als Stuttgart näherrückte, wuchs meine Anspannung wieder. Ich musste es nun schaffen, mein Perückengeheimnis zu lüften. Mindestens genauso wichtig war natürlich ein Downgrading meiner Garderobe. Wenn schon die Gefahr bestand, dass ich an meinem Perückenthema verkantete, wollte ich wenigstens lässig-locker gekleidet sein.

In Jeans mit modischen ‚Designer-Löchern', Lederjacke, T-Shirt befand ich mich schließlich auf dem Weg zum zweiten Date. Und während ich optisch wahrscheinlich total lässig daherkam, schob ich innerlich den absoluten Film.

Ich saß im Zug und merkte, wie ich total neben mir war. Wie sollte ich es ihm denn überhaupt sagen? Was hatte ich da bloß angefangen! Alles schön und gut, mit meiner ‚Reise zum Ich', aber wieso musste ich unbedingt jetzt die Liebe meines Lebens treffen, während ich mit dieser dämlichen Perücke rumlief, unter der das graue Grauen wuchs? Das Teufelchen in mir war aus meinem Kopf herausgeklettert und hatte sich auf meiner Schulter niedergelassen. Hämisch drang sein Flüstern in mein Ohr: *Er wird schockiert sein ... ne olle graue Schabracke ... die will doch keiner ... das war ja wohl nix ... vergiss es, Birgit, er wird an seine Oma denken und sich totlachen ... ja, du warst mal attraktiv, aber in Wahrheit bist du es nicht mehr! Birgit, vergiss es ... dein Zug ist abgefahren.* Dieses böse Flüstern schwoll in meinem Kopf an und wurde lauter. Ich hielt die Luft an und kniff die Augen zusammen. Ja, es war wohl so, ich war auf dem Weg in meine peinlichste persönliche Katastrophe. Doch der Zug rollte. Und ich war an Bord. Da musste ich wohl durch und Aufgeben war für mich sowieso im Leben noch nie eine Option. Und was immer auch geschah: Ich war doch nicht unglücklich all die Jahre in meinem Single-Leben. Ich würde es auch weiterhin nicht sein.

Als wir dann zusammenhockten beim Stuttgarter Rendezvous in einem Café, war ich sogleich wieder hin und weg. Diese Leichtigkeit, in die wir eintauchten vom ersten Moment des Zusammenseins, kam mir so unwirklich vor. Wie konnte man mit 59 Jahren noch einmal so verliebt sein? Es war fast wie im Märchen.

Und nun war es mein Job, aus diesem Märchen einen Alptraum zu machen. Ich musste es jetzt sagen. Jetzt.

„Frank, hör mal, ich muss dir was sagen ..."

Frank setzte irritiert seine Kaffeetasse wieder ab, aus der er gerade hatte trinken wollen. Er schaute mich fragend an.

„Ich muss dir was gestehen – ich bin nicht die, für die du mich hältst."

Seine Augen wurden größer. Dann musterte er mich genau und grübelte. *Was stimmt nicht mit ihr? Was verheimlicht sie mir? Ist sie bi? Oder verheiratet? Oder gar keine Frau? ...*

Seine Fantasie erschuf die wildesten Filme, schnell stoppte ich es, behielt die Perücke zwar auf dem Kopf, aber lüftete mein Geheimnis. Ich richtete meinen Zeigefinger auf meine Haare.

„Die sind nicht echt. Ich trage eine Perücke, da drunter bin ich ... grau."

Jetzt war es raus. Ich hatte eine Riesenangst, dass er sauer war, aufstand und ging. Doch saß er nur da – natürlich schon irritiert – und wartete, was noch kam.

„Ich würde dir das jetzt am liebsten zeigen, aber ich darf es noch niemandem sagen, das ist absolut geheim", erklärte ich und erzählte ihm die ganze Story rund um die bevorstehende Enthüllung. Er schwieg, hörte mir zu, sah mich an. Und ich redete und redete.

„Ich kann dir ein Foto zeigen, das ich zu Hause ohne die Perücke gemacht hab. Es sieht wirklich gut aus. Es steht mir. Ich zeig es dir, ja?"

Er sagte immer noch nichts.

„Willst du es sehen, das Foto?"

Er schüttelte den Kopf.

„Nein, ich will es nicht sehen."

Ich schluckte. Doch dann fuhr er fort:

„Ich will es in natura sehen bei unserem nächsten Treffen. So wie du strahlst, kann es nur gut aussehen."

Ich war platt. *Das wird schon gut aussehen*, hatte er gesagt. Dabei konnte er es am Ende ja auch ganz schrecklich finden. Denn natürlich liefen ihm nach meinem Geständnis bis zu unserem Wiedersehen eigentlich nur noch grauhaarige Frauen über den Weg und durch den Kopf. So ist das ja immer im Leben – wenn man schwanger ist, sieht man nur noch Schwangere, wenn man sich ein neues Auto gekauft hat, sieht man genau dieses Auto überall. Ganz gleich, welche Thematik im Leben Priorität gewinnt, sie tritt unmittelbar in den Vordergrund und macht fortan auf sich aufmerksam. Und für Frank waren es nun grauhaarige Frauen – ein Riesenhaufen Omas.

Keine leichte Aufgabe für Optimismus und Zuversicht. Ich erkenne ihm noch heute hoch an, dass er mich seine logischerweise entstandene Verunsicherung nicht spüren ließ, sondern die Ruhe bewahrte und mir die ganze Zeit immer ein gutes Gefühl gab.

Lachen in Lachen

Man muss immer etwas haben, worauf man sich freut.
EDUARD MÖRIKE

Die Perückenzeit neigte sich nun immer mehr dem Ende zu. Das Versprechen, das ich vor knapp einem Jahr für das neue Show-Format bei RTL, This Time Next Year, zu Protokoll gegeben hatte, näherte sich der Einlösung: Heute in einem Jahr würde ich meine Sendung EXTRA mit grauen Haaren moderieren.

Und es wurde auch höchste Zeit. Die ständige Furcht, ein Windstoß könnte die Perücke davontragen oder mein Haar könnte sich anderweitig desaströs irgendwo verhaken, musste ein Ende haben. Alles völlig berechtigte Befürchtungen, denn selbst einen Elefantenrüssel hatte ich in der Zwischenzeit bei Dreharbeiten im Zoo bereits im Haar gehabt. Nur zu Hause war ich sicher. Obwohl ...

Eines Nachmittags kam ich von einem Termin nach Hause, warf die Perücke in die Ecke und mich selbst aufs Sofa, um ein paar Minuten abzuschalten, als Laurin anrief. Natürlich war er in mein Experiment eingeweiht, und so bekam ich jedes Mal eine Vorwarnung, wenn er Freunde mitbrachte. Er würde später mit seiner Freundin Franziska eintreffen, ich solle an meine Kopfbedeckung denken. Doch mit der gleichen Sorgfalt, mit der Laurin mich über Franziskas Besuch informiert hatte, vergaß ich diese Information auch unmittelbar wieder. Und so kam es, dass ich die Badezimmertür öffnete,

Franziska vor mir stand und sie mir erst dann wieder einfiel: die Perücke! Ich knallte die Tür vor Franziska zu, installierte das vergessene Haarteil und steckte – als sei nichts gewesen, haha – meine Nase in Laurins Zimmer.

„Na, ihr beiden ...", grüßte ich kurz durch den Türspalt.

Franziskas Augen waren groß wie Mühlräder im Märchen.

„Was?? Du hattest doch gerade graue kurze Haare? Da im Bad, da kamst du doch mit grauen Haaren raus!"

„Wie kommst du auf sowas?", ging ich in die Offensive. „Fata Morgana lässt grüßen ...!"

„Meine Mutter hat doch keine grauen Haare, spinnst du!" Laurin schaute Franziska entrüstet an.

„Aber ... da hab ich wirklich jemanden gesehen!", verteidigte Franziska sich energisch. „Das kann doch gar nicht sein!"

„Quatsch!", fuhr Laurin dazwischen.

„Quatsch ...", sagte ich auch noch mal und schloss leise Laurins Tür.

Da hatte ich das geheime Projekt wahrlich auf Messers Schneide balanciert. Und ganz gleich, ob Franziska nun an Laurins, meinem oder ihrem eigenen Geisteszustand zweifelte – ich sollte vielleicht besser die letzten Tage, bevor ich mein neues Ich öffentlich machte, verschwinden. Sonst würde ich noch alles vermasseln. Ich würde ein paar Tage abtauchen, um jedwedem Risiko zu entgehen. Ich musste nicht lange nachdenken wohin – nach Lachen würde ich reisen, Franks Wohnort. Ich wäre raus aus Köln, und Frank müsste sein Versprechen einlösen: eine Kostprobe Birgit in natura – echt und ungeschminkt!

Karlsruhe, Stuttgart. Dann war es soweit. Ich war auf dem Weg zum dritten Rendezvous in die kleine Schweizer Gemeinde Lachen, direkt am schönen Zürichsee gelegen. Und obwohl die entscheidenden Karten ja nun auf den Tisch gekommen waren, drängte sich das Teufelchen trotzdem wieder auf meine Schulter. Wieder zischte diese freche Stimme in mein Ohr: *Nichts zu lachen in Lachen, liebe Birgit! ... du siehst ganz fürchterlich aus ... deine Zeit ist vorbei ... vorbei ... dein Cowboy hat längst ne Neue ... schwarzbraun ist die Haselnuss, in Lachen macht dein Cowboy Schluss!* ... Unerhört! Ich gab dem Teufel einen imaginären Faustschlag auf seine diabolische Nase. Das saß! Wenig später erreichte ich Lachen, bezog dort in einem kleinen Hotel direkt am Zürichsee ein Zimmer und wartete auf Frank.

Kaum war er da, starteten die Schmetterlinge in mir wieder ihre Flugübungen. Wir machten uns auf den Weg zu seinem Haus, und auch meine Ungeduld, ihm endlich meinen Naturschopf zu zeigen, wuchs wieder.

„Ich zeig dir nun sofort, wie ich aussehe!", drängte ich bereits, als er noch die Tür aufschloss.

„Jetzt lass uns erst mal nen Wein trinken." Frank war total entspannt, ich hingegen ganz nervös und bockig wie ein Schulmädchen. Doch vielleicht wollte er mich ja auch einfach nur ‚schöntrinken'.

„Nee, ich will jetzt keinen Wein trinken, ich möchte dir unbedingt zeigen, wie ich da drunter aussehe!" Ich zeigte auf mein Kunsthaar, so wie ich das schon in Stuttgart getan hatte, als ich ihm mein Geständnis gemacht hatte. Ich musste es jetzt einfach wissen. Es konnte ja immer noch schiefgehen. Solange er es nicht wirklich gesehen hatte – in natura, wie er selbst sagte –, konnte das alles danebengehen und der Teufel Recht behalten. Ich war wie ein aufgescheuchtes Huhn und bewunderte irgendwie seine Ruhe und Besonnenheit. Frank lässt sich Zeit, er denkt erst und redet dann. Ich rede erst, dann denke ich. Ich musste mich nun unbedingt zusammennehmen. Denn letztlich floss ja, wenn ich ehrlich bin, ganz wunderbar eins ins andere: Wir tranken Wein, versanken ineinander im Gespräch, lachten.

Dann kam der große Augenblick: Ich nahm die Perücke ab – und er fand mich toll! Ich war im siebten Himmel. Von da an waren wir wirklich zusammen. Und ich war ich.

AUFGEBEN WAR FÜR MICH
SOWIESO IM LEBEN
NOCH NIE EINE OPTION!

Märchenprinzen und Machiavellis

Beim richtigen Partner kannst du nichts falsch machen.
Beim Falschen nichts richtig.

UNBEKANNT

Nun hatte ich also mein zehnjähriges Single-Jubiläum mit dem Start einer wunderbaren neuen Liebe beendet. Und rückblickend ist es sogar perfekt, dass Frank und ich uns erst so spät im Leben begegnet sind. Logisch, dass ich mir das in jüngeren Jahren niemals hätte vorstellen können, doch jetzt weiß ich ganz genau: Eine späte Liebe ist ein ganz besonderes und riesengroßes Geschenk. Im Mittelpunkt steht dabei ganz klar die eigene persönliche Entwicklung im Laufe des Lebens. Als junge Frau hatte ich viele dumme Überzeugungen und Verhaltensweisen. Heute bin ich sehr reflektiert, lebe viel bewusster und achtsamer. Für diese Entwicklung bin ich sehr dankbar.

Hätte ich Frank früher getroffen, so wären mir wahrscheinlich einige seiner eigentlich so liebenswerten Eigenschaften auf den Wecker gegangen. Ich war, das gebe ich offen zu, in jungen Jahren ganz einfach zuweilen oberflächlich. Ein Beispiel: Franks Dialekt. Er spricht ein bisschen Dialekt, eine entzückende Mischung aus Badisch und Schwitzerdütsch, weil er schon seit 20 Jahren in der Schweiz lebt. Früher hätte ich gesagt: *Ein Mann mit Dialekt? Nee, das will ich nicht.* – Heute sag ich klar: *Wie gut, dass mein damaliger Spleen nicht mehr in mir rumgeistert!* Ich bin froh, dass ich mit Frank einen Menschen an meiner Seite habe, der auf andere Dinge Wert legt und der auch mich nimmt, wie ich bin.

Dieses Fokussieren auf Äußerlichkeiten habe ich mehr und mehr abgelegt, je älter ich geworden bin. Vielleicht auch umso mehr, als wir inzwischen in einer Welt leben, in der es vermehrt nur noch um Äußerlichkeiten geht.

Schönheit, Schlanksein, Stärke, Mithalten ist alles, was zählt – ich beobachte das mit Sorge. In jüngeren Jahren war ich, was diesen Irrsinn betrifft, natürlich auch verführbarer. Heute will und brauche ich das nicht mehr. Zum Glück. Der Blick wird klar für die Dinge, die wirklich wichtig sind. Das ist das Schöne am Älterwerden: Je älter ich werde, desto mehr bin ich bei mir, desto mehr nehme ich mich an und empfinde eine wundervolle Gelassenheit.

Diese Entwicklung und Erfahrungen erleben sicherlich alle Menschen mehr oder weniger ähnlich. Nach vielen Jahren des eigenen Lebensweges hat einfach jeder ein buntes Gepäck aus verschiedensten Erfahrungen und Erlebnissen auf dem Rücken. Genau diese vielen Erfahrungen sind es, die uns nicht nur gelassener, sondern auch achtsamer machen im Umgang miteinander.

Verfallsdatum beachten!
Mit dem Tod habe ich nichts zu schaffen. Bin ich, ist er nicht. Ist er, bin ich nicht.
EPIKUR

Noch etwas weiß ich heute – und das lege ich gerade den Single-Damen älteren Datums ganz, ganz eindringlich ans Herz: Sie sollten im Falle des Interesses an einer späten Partnerschaft definitiv etwas jüngere Männer wählen! Warum? Ganz einfach – wegen des kürzeren männlichen Haltbarkeitsdatums!

Die Statistik hierzulande verspricht uns Frauen fünf bis acht Lebensjahre mehr. Und wenn ich die Statistik ins Praxisnahe bringen will, reicht ein Besuch meines kleinen sauerländischen Heimatdorfs Nehden. Dort können sich meine alten Eltern glücklich schätzen, immer noch zusammen zu sein.

Der überwiegende Teil der Verwandten, Freunde und Bekannten dieser Generation ist inzwischen weiblich. Egal ob wir nun davon ausgehen, dass die meisten dieser Witwen sich ihrer Gatten gezielt entledigten oder selbige statistiktreu einfach früher ins Gras gebissen haben – das Resultat ist das gleiche: ein oftmals noch recht langes weibliches Single-Dasein im Alter nach dem Ableben des Gatten.

Glücklicherweise wohnt den meisten Frauen eine naturgegebene und ganz spezifische feminine Energie und Tatkraft inne. Sie lassen sich selten vom Leben unterkriegen und meistern Schicksalsschläge bravourös. Und ist der Gatte dann erst mal unter der Erde, blühen viele Frauen im Alter noch mal richtig auf. Ich erinnere mich an eine Erzählung meiner Mutter über eine 80-Jährige im Nachbardorf, die ihren Mann zwei Jahre zuvor verloren hatte. Als betagte Lady entdeckte sie noch einmal so richtig das Leben. Sie macht sich schick, geht ins Café, wird angesprochen, ist offen und unterhält sich. Sie reist und hat sogar wieder einen neuen Verehrer. Fantastisch, finde ich.

Das impulsive Aufleben vieler Frauen nach dem frühzeitigen Tod ihrer Männer hat jedoch nicht selten auch einen unerfreulichen Hintergrund. Denn vor allem in der Generation meiner Eltern hatten Frauen oft kein leichtes Dasein. Viele Frauen wurden in ihrer Ehe oder Beziehung lange unterdrückt und konnten ihre Wünsche und Interessen nicht wirklich leben. Nicht verwunderlich, dass sie trotz des Verlustes ihres Lebenspartners im Alter noch einmal eine Blütezeit erleben.

Setz dich an erste Stelle!

Wenn wir unsere eigenen Bedürfnisse nicht ernstnehmen, tun es andere auch nicht.

MARSHALL B. ROSENBERG

Dann folgte meine Generation. Zwar stand das Leben da schon unter dem Stern eines freieren Lebens und mehr Entfaltung für Frauen. Und doch sah und sehe ich immer noch viel zu viele Frauen, die es bisher nicht geschafft haben, sie selbst zu sein und auf sich zu achten. Immer wieder werde ich sogar im engsten Freundes- und Bekanntenkreis Zeugin unfassbarer Geschichten, die mich sprachlos machen.

Da gibt es eine Frau aus meinem Freundeskreis, nicht viel jünger als ich, die morgens immer eine Stunde früher aufsteht als ihr Mann. Diese ganze Stunde widmet sie der eingehenden morgendlichen Instandsetzung ihres Gesichts. Sie schmiert sich kosmetische Pasten bis in die entlegensten Winkel jeder Pore, damit ihr Mann sie nicht ungeschminkt sieht. Niemals hat er sie in all den langen Jahren ihrer Ehe ohne Make-up gesehen! Ich kann das kaum glauben, aber es ist wahr.

Oder eine andere Freundin, die sich beruflich entfalten möchte. Solche Lust hat sie auf persönliche Weiterentwicklung, so voller Ideen und Tatkraft ist sie. Ihr Mann – Privatier und ein paar Jahre älter – bremst ihren Karrierewunsch. Häuslich und devot stellt er sich sein Weib vor. *Schmink dich, zieh dir ein schönes Kleid an, denk an deine Fingernägel* – so seine ewiggleichen mahnenden und fordernden Worte. Auch das ist kein Märchen, sondern bittere Realität.

Anpassung, Unterordnung, Ansichten übernehmen, die nicht die eigenen sind, Mutlosigkeit, Angst vor der eigenen Courage und dem eigenen Lebensentwurf. Mit Freiheit, Glück, Liebe und Partnerschaft hat das nicht viel zu tun. Liebe und Partnerschaft benötigen Freiraum. Zusammengehören kann man nur dann als Paar, wenn man sich selbst nicht aufgibt. Gemeinsame Wege geben nur dann Kraft, wenn die eigenen Träume dort noch ihren Platz haben. Erst dann wird eine Beziehung wirklich reich. Zu Recht heißt es: *Du bist der wichtigste Mensch in deinem Leben.*

So oft habe ich es erlebt, dass ich mit Frauen freundschaftlich zunächst intensiv die Lust zu leben geteilt habe; und dann, als sie sich verbandelten mit einem Mann, konnten sie nicht mehr ohne ihn sein und glitten unbemerkt in emotionale und finanzielle Abhängigkeit. Und wenn die Bande zerbrachen, blieb ihnen nichts. Der Partnerverlust ist ja schon schlimm genug. Doch die eigentliche Tragik war, dass sie das Steuerrad ihres eigenen Lebens – ihre Existenz – in die Hände des Mannes gelegt hatten. So viele existenzielle Frauenschicksale habe ich im Laufe meines Lebens miterlebt, dass dieses Thema über die Jahre für mich zu einem Herzensthema geworden ist.

Frauen und Finanzen ist deshalb in diesem Buch auch ein großes Kapitel gewidmet. Angesichts der immer noch zu beobachtenden Selbstaufgabe so vieler – auch junger – Frauen und der immer bedrohlicher werdenden Altersarmut, ganz besonders für Frauen, kann und darf man die Augen vor diesem Thema einfach nicht mehr verschließen. Es ist mein ganz persönlicher Herzenswunsch und mein zentrales Ziel in diesem Buch, viele Frauen zu erreichen, zu berühren und zu bewegen: Frauen, kümmert euch um euch! Um eure Unabhängigkeit, eure Zukunft, eure Finanzen! Traut euch was! Übernehmt die Verantwortung für euer Leben und euer Glück!

Wichtig ist mir dabei aber auch: Ich möchte nicht als sogenannte *Emanze* wahrgenommen werden. Ich bin keine Emanze, aber emanzipiert. Das ist ein feiner Unterschied. Besonders gut wird dieser Unterschied deutlich, wenn man sich das Wort Emanzipation genauer anschaut. So etwas habe ich ja immer schon gerne gemacht: Dingen auf den Grund gehen. Das Wort *Emanze* ist für mich und vermutlich für viele andere auch ein eher negativ besetzter Begriff. Bei Emanzen denke ich an Frauen, die freudlos und bitter durch ihr Leben schreiten, die Mundwinkel nach unten, den Zeigefinger nach oben gerichtet, ständig auf der Suche nach den bösen Männern, deren schlimme Taten es zu entlarven gilt. Ja, es gibt viele Arschlochmänner, Narzissten, Machos und noch einige andere Gattungen, aber es gibt auch ganz viele wunderbare Männer, mein Frank ist nur einer von ihnen. Und natürlich gibt es auch ganz fürchterliche Frauen. Mir geht es also nicht darum, Männer an sich schlechtzumachen oder die generell spannende Mann-Frau-Beziehung in Frage zu stellen. Ich möchte Frauen dabei unterstützen, die Spreu vom Weizen zu trennen, ihnen Mut machen, offenzubleiben – ja, auch auf die Gefahr hin, mal wieder eine Niete zu ziehen und Fehler zu machen – und sich vor allen Dingen selbst zu lieben.

Ich plädiere auf jeden Fall für einen lebensfrohen Umgang mit dem anderen Geschlecht, ich plädiere dafür, dass man neugierig aufeinander bleibt und liebevoll spielerisch miteinander umgeht, dass man flirtet und dieses ‚Andere' des Mannes als zusätzliches Begleitstück zum eigenen Selbst annehmen kann.

Ich kenne einige Frauen, die damals zur Hochzeit der Frauenbewegung sehr aktiv waren. Und die Wahrheit ist, sie hatten viel Spaß, sie schminkten sich, trugen aufreizende Klamotten und Pumps, sie zeigten, was sie hatten, hatten ihre Freunde und guten Sex. Sie waren lustig und frech und provozierten die verkrusteten Strukturen, sprengten Kongresse und Vorlesungen, zogen nachts durch die Städte und sprühten Hexenbilder auf die Wände von rechten Burschenschaften und Sexshops.

Die Aktionen dieser Frauen waren angelehnt an die der starken Italienerinnen, die in den 70er Jahren durch Rom zogen und riefen: *Tremate, tremate, le streghe son tornate!* – zu deutsch: *Zittert, zittert, die Hexen sind zurück!*

Die Italienerinnen erkämpften sich so das Scheidungsrecht. Sophia Loren zum Beispiel konnte Carlo Ponti erst acht Jahre nach dem Beginn ihrer Beziehung heiraten, weil er sich nicht von seiner ersten Frau scheiden lassen konnte.

Den Italienerinnen ging es aber auch darum, sich die Nacht zurückzuerobern. ‚Anständige' Frauen gingen damals nachts nicht auf die Straße.

Doch der Drang, sich von diesen Fesseln zu befreien, war nicht zu bremsen, diese Sehnsucht, sich mit Freundinnen nachts zu treffen und Spaß zu haben oder mit Männern eine lustvolle Liebesnacht zu verbringen. Mir gefällt diese Geschichte, und auch wenn ich diesen Kampf so nicht geführt habe, denke ich oft, dass wir der Frauenbewegung heute viel zu verdanken haben.

Doch zurück zum Wort: Emanzipation. Der Ursprung dieses Wortes findet sich im lateinischen Wort *emancipatio*. Die drei Wörter, aus denen es sich dort zusammensetzt: *e = aus, manus = Hand, capere = nehmen. Aus der Hand nehmen.* Ich habe dabei immer dieses schöne Bild im Kopf, wie eine Frau etwas aus der Hand eines Mannes in ihre eigenen Hände nimmt. In meiner Vorstellung ist das ein ruhiger, sanfter, aber kraftvoller Akt. Die Frau nimmt ihr Leben in ihre Hände. Sie ist ‚freigelassen', um selbst zu gestalten.

Diese Befreiung hat viele Facetten. Dazu gehören zum Beispiel die Befreiung aus eigener Unmündigkeit, vorgegebener Weltanschauung oder auch seelischer und ökonomischer Abhängigkeit. Das Ziel ist ein Zugewinn an eigener Freiheit, eine Freiheit, die man für sich selbst definiert. Dieser Zugewinn an Freiheit durch Emanzipation ist nicht mal etwas, das sich auf Frauen beschränkt – jeder Mensch kann einen Emanzipationsprozess erleben. Bei Frauen denke ich sowohl an diejenigen, die sich für Kinder entscheiden als auch die anderen, die sich dagegen entscheiden; dann gibt es Frauen, so auch ich damals, die wollen zuerst Karriere machen und wünschen sich etwas später ein Kind, andere ziehen ein anderes Leben vor. Aber all diese Lebensformen – und das ist das Entscheidende – müssen selbst gewählt sein, so wie es die jeweilige Frau für sich entscheidet. Genau das ist Emanzipation.

Damit es also gar nicht erst zu falschen Vorstellungen durch unterschiedliche Interpretationen des Wortes Emanzipation kommt, sage ich oft lieber: Ich bin eine Frauenfreundin. Es geht, wie ich noch einmal betonen möchte, nicht darum, Männer generell zu verteufeln, auch wenn ich in diesem Buch mit so manchem *Herrn der Schöpfung* sehr hart ins Gericht gehe und manchem Teufel die Maske vom Gesicht ziehe. Denn genauso wie ich hier – ungeschminkt! – vieles zu Papier bringe, so trage ich auch zahlreiche liebevolle und herzliche Gefühle und Gedanken in mir für all die guten, ehrlichen und gelungenen Partnerschaften zwischen Mann und Frau, für gleichgeschlechtliche Paare oder Single-Lebensentwürfe und für all die vielen wunderbaren Männer, die es gibt. Dies sei unbedingt gesagt, bevor ich mich nun im Weiteren einer Sorte Mann widme, um die Frauen einen großen Bogen machen sollten.

Alptraum Alphamann

Wenn du anfängst, an dir selbst zu zweifeln, haben schlechte Menschen gute Arbeit an dir geleistet.

UNBEKANNT

Die Rede ist von den narzisstischen Alphamännern, deren Machenschaften ich in meinem beruflichen und privaten Umfeld vielfach beobachten konnte. Natürlich ist nicht jeder Alphamann ein Monster. Dennoch gibt es unter ihnen eine erschreckend große Zahl gefährlicher Narzissten und Psychopathen. Und es gibt eine noch größere Zahl Frauen, die in ihrem Leben bereits Opfer solcher Männer geworden sind. Das Schlimme: Betroffene Frauen schämen sich oft dafür, den Charakter des narzisstischen Partners nicht erkannt zu haben. Sie entwickeln Schuldgefühle, können nicht über das Erlebte sprechen und fühlen sich minderwertig. Ich möchte Frauen ermuntern, über solche Erfahrungen zu sprechen. Denn es kann jede Frau treffen und hat nichts mit mangelnder Intelligenz, mit Schwäche oder anderen Mängeln des jeweiligen Opfers zu tun. Die Strategien, derer sich Narzissten bedienen, um ihre Ziele zu erreichen, sind einfach unfassbar. Weil dieses Thema so wichtig und auch tatsächlich so allgegenwärtig ist, möchte ich einige Episoden, die mein Leben berührt haben, schildern. Eine interessante Geschichte ist die meiner Freundin Kerstin, deren Name im wahren Leben ein anderer ist.

Eine schöne Bescherung

Nichts ist leichter als Selbstbetrug, denn was ein Mensch wahrhaben möchte, hält er auch für wahr.

DEMOSTHENES

Kerstin hatte eine einjährige Affäre mit einem ganz besonderen Narzissten-Exemplar: ein erfolgreicher verheirateter Mann, zur sogenannten Gesellschaft gehörend, mit den Mächtigen spielend. Ein Mann, der eigentlich alles hat, aber doch noch etwas braucht: die ständige Bestätigung anderer – vorzugsweise jüngerer Frauen.

Karl schwor Kerstin also seine Liebe. Seine Ehe bestünde nur noch auf dem Papier, die Gefühle der Ehegatten füreinander erloschen. Es konnte also nur noch eine Frage der Zeit sein, bis er frei war. *Ich möchte dir die Welt zu Füßen legen, meine Prinzessin* – Karl vermittelte Kerstin ebenso innig wie erfolgreich, dass er es ernst meinte. Sie verfiel ihm sofort und wusste nicht, dass 12 schreckliche Monate vor ihr liegen würden, bevor sie sich endlich wieder von ihm lösen konnte. Mit zerrupftem Selbstwertgefühl suchte sie danach wieder und wieder nach Erklärungen für das Unerklärliche: Warum hatte sie Karls so offensichtlichen Missbrauch zugelassen? Eine ‚Weihnachtsgeschichte', die sie mir zu jener Zeit erzählte, werde ich nie vergessen.

Kerstin will gerade das Haus verlassen, um über Weihnachten zu ihrer Familie zu fahren, als es an der Tür klingelt. Der Postmann. Sie fühlt ihr Herz schneller schlagen, denn sie ist sicher: Es kann nur ein Paket von Karl sein, der an sie gedacht und ihr ein Weihnachtsgeschenk besorgt und liebevoll ausgesucht hat. Sie öffnet die Tür und nimmt einen ziemlich verbeulten Großumschlag entgegen. Nun gut, denkt sie, es ist also etwas Flaches und vielleicht nicht so schön verpackt, aber es geht schließlich um die Geste und seine lieben Gedanken. Ungeduldig und erwartungsvoll reißt sie den Umschlag auf und findet: einen Kalender. Einen Zum-auf-den-Tisch-stellen-Kalender. Einen Werbegeschenk-Kalender einer Firma, mit der Karl zusammenarbeitet.

Er hat ihr also diesen Kalender, den er selbst zu Weihnachten bekommen hat, weitergeschenkt. Es war ja nicht irgendein Kalender. Nein, dieser Kalender enthielt auf dem letzten Blatt eine Botschaft an ihn selbst. Was für ein großartiger Mann und Geschäftspartner er sei. Und jedes Monatsblatt hatte seinen Namen auf dem dazugehörenden Foto. Karl auf Heißluftballons, Karl auf Ostereiern, Karl auf einem Skilift, Karl in den Himmel und in den Sand geschrieben.

Kerstin spürt einen Kloß im Hals. Scham. Genauer, Fremdschämen, was übrigens fast so schlimm ist wie Selbstschämen. Vielleicht sogar schlimmer. Vorsichtiges Nachfragen, ob es sich hierbei um Selbstironie handele, quittiert Karl mit Verschnupftheit. Es dauerte trotz dieser schönen Bescherung noch viele Monate, bevor Kerstin endlich so weit war, ihm den Laufpass zu geben. Ich sagte ihr, sie könne froh sein, so glimpflich davongekommen zu sein.

In der Zeitung las ich einmal einen Artikel eines Psychologen, als mal wieder ein erfolgreicher, wichtiger Mann über eine Affäre gestolpert war. Dort hieß es, dass diese Männer zu Hause von ihren langjährigen Ehefrauen, ihrer Familie keine Bewunderung mehr bekommen, diese aber so sehr brauchen und deshalb durch Affären den Verlust kompensieren. Von ihren Geliebten werden sie angehimmelt, sie geben ihnen das Gefühl der unbedingten Bedeutsamkeit. Ein Gefühl, das oft in den höheren Etagen, wo dünne Luft und harter Wettbewerb herrschen, verloren geht. Geliebte lauschen aufmerksam ihren Berichten, ihren Heldentaten und preisen sie. Der Erfolg ist ihnen gewiss, wissen doch die Geliebten, dass sie sich in einer unterlegenen Position befinden – das Damoklesschwert des Liebesentzugs schwebt ständig über ihnen. Natürlich wurde Kerstin permanent mit Zeitungsartikeln über Karl von ihm selbst versorgt. Sie bewunderte ihn angemessen.

Bereits erwähnter Psychologe schrieb auch, dass diese angeblich so machtvollen Männer sich für so besonders halten, dass sie überzeugt sind, sie hätten mehr Rechte als andere. Zum Beispiel das Recht auf Nebenfrauen. Sie betrachten sich als so außergewöhnlich, dass sie es für normal halten, zur Befriedigung ihrer Lüste mehrere Frauen zu haben, weil man nicht von ihnen erwarten kann, dass nur eine ihrer Manneskraft gerecht werde.

Bewusste Schuldgefühle gibt es in der Regel nicht, hieß es weiter, da sie in der Logik der Allmachtsfantasien nicht vorkommen. Werden sie erwischt, reagieren diese Alphamänner deshalb häufig mit ungläubigem Erstaunen angesichts der Vorhaltungen und Konsequenzen, denen sie unerhörterweise ausgesetzt werden.

Gleich am ersten Tag, als Karl Kerstin kennenlernte, berichtete er ihr von seiner Frau, die er angeblich nie sähe. Nach getaner Arbeit träfe er sich mit Freunden, und nach 20 Jahren Ehe führe jeder sein eigenes Leben. Außerdem schliefe sie schon, wenn er nach Hause käme. An den Wochenenden würde er viel arbeiten und unterwegs sein, die Kinder seien im Internat. Naiv glaubte Kerstin ihm alles und schwebte auf rosaroten Wolken. Er spann sie ein mit unerhörtem Charme, den sie so nie zuvor im Leben erfahren hatte. Karl ‚gestand', er sei verliebt wie mit 22. Nie hätte er gedacht, dass er so etwas nochmal erleben würde. Kerstin glaubte alles. Sie war sicher, es würde eine gemeinsame Zukunft geben. Irgendwann.

Also trafen sie sich wieder. Im romantischen Taumel schlug Kerstin ein schönes Mittagessen vor mit anschließendem Besuch einer Ausstellung. Karl weidete sich an ihrer Naivität – er hatte anderes im Sinn.

So kommt es, wie es kommen muss. Die beiden landen im Bett und nicht im Museum. Sie fallen übereinander her – sie voller Verliebtheit, er voller Gier. Nach dem Sex muss Karl bald schon wieder los, weil er ja wichtig ist. Zuvor holt er sein iPad aus dem Koffer und zeigt Kerstin Fotos. Von seiner

Familie, seiner Frau. Kerstin ist tief verletzt und fassungslos. Er reagiert kalt und emotionslos. Und doch ist sie verfallen und braucht noch Weihnachts- und andere Geschichten, bis sie endlich den Absprung schafft.

Narzissten wie Karl sind hervorragende Gehirnwäscher. Sie starten ihr teuflisches Spiel mit einem unvorstellbaren Charme. Dann lassen sie allmählich ihre vielen Masken fallen, dann lügen sie und dann – wie in dem alten Hitchcock-Film *Gaslicht* – manipulieren sie die Realität, bis ihre Opfer beginnen, an sich selbst und der Wahrheit zu zweifeln.

Wie kannst du mich anklagen!

Man kann einen narzisstischen Menschen daran erkennen, dass er äußerst empfindlich auf jede Kritik reagiert.

ERICH FROMM

Narzissten führen oft ein geschickt gestricktes Doppelleben. Nicht selten bekommen betroffene Frauen jahrelang nichts mit. Eine alleinerziehende Mutter aus meinem Freundeskreis hatte ebenfalls filmreife Erlebnisse in einer Beziehung, in der sie viele Jahre gefangen war. Nennen wir das Pärchen hier Angela und Gerald. Angela ist eine erfolgreiche Geschäftsfrau, ein paar Jahre älter als ihr Lebensgefährte Gerald, der sich damals noch am Anfang seiner Karriere befand. Sie haben eine gemeinsame Tochter.

Angela bestritt den Großteil der Lebenshaltungskosten für die kleine Familie. Eines Tages sollte es für das junge Paar und ihre fünfjährige Tochter auf Reisen gehen. Da Gerald mit vielen anderen Dingen beschäftigt war, hatte Angela die Aufgabe der Reiseplanung übernommen. Einen wunderschönen Urlaub in Dubai hatte sie zusammengestellt – sie konnte es kaum abwarten, Gerald alle Details zu berichten.

Jedoch, die große Vorfreude endete in einer seltsamen Katastrophe. Denn voller Zorn nahm er ihren Reiseplan auseinander. Was ihr denn einfiele, eine Abflugzeit um 3 Uhr nachts zu buchen, das sei eine absolute Zumutung für das fünfjährige Mädchen. Es sei nicht zu verantworten, ein kleines Kind um den Nachtschlaf zu bringen. Gerald inszenierte diesen Unsinn mit einer solchen Perfektion, dass Angela zunächst tatsächlich ein schlechtes Gewissen bekam. Doch sie wurde auch stutzig. Sie dachte nach. Sie forschte nach Zusammenhängen. Denn es konnte doch nicht wirklich sein, dass eine – wenngleich nicht ideale – Reisezeit zu einer solchen Reaktion führte. Hier war was faul.

Bereits in den Jahren zuvor hatte Angelas Bauchgefühl oftmals Warnsignale ausgesandt, denn immer wieder hatte es seltsame Situationen gegeben, in denen sie das mulmige Gefühl beschlich, er habe sie betrogen. Wenn sie dann ihre Zweifel und Befürchtungen vor ihm ausbreitete, reagierte er selbst mit Eifersucht und Empörung, die es in sich hatten. Er drehte kurzerhand den Spieß herum: *Du zweifelst an mir! Wie kannst du das tun? Du gehst wahrscheinlich selbst fremd und willst von deinem Verhalten ablenken!* Immer wieder hatte er es geschafft, sie psychisch und emotional so am langen Arm verhungern zu lassen, dass sie tatsächlich ein schlechtes Gewissen bekam und sich fragte: *Warum hab ich ihm das jetzt unterstellt?! Bin ich eine böse Frau!*

Bei diesem merkwürdigen Streit um die Abflugzeit in den Urlaub wurde sie nachdenklich. Seine geschickt inszenierte Sorge um das Kind war ein bewusst geplanter Schachzug. Er wollte mit dieser Kritik provozieren, dass Angela die Reise absagt. Denn er hatte – und Folgendes ist kein Druckfehler oder schlechter Scherz! – seinen Freundinnen versprochen, nicht mit Angela in den Urlaub zu fliegen. Seinen Freundinnen! Er hatte gleich mehrere. Und jeder hatte er dasselbe Versprechen gegeben. All dies entdeckte Angela ungefähr ein Jahr später, als sie plötzlich einen Anruf bekam von einer der langjährigen Geliebten ihres Lebensgefährten. Erst dachte sie, es handle sich um einen Scherz, als diese Geliebte ihr sagte, dass sie schon lange mit Gerald zusammen sei. Bei dem Gespräch kam zutage, dass sie sich sogar in der Wohnung von Angela und Gerald aufhielt, wenn Angela beruflich unterwegs war. Sie beschrieb haargenau Angelas Möbel, erzählte ihr genussvoll, wie oft sie schon in ihrem Schlafzimmer übernachtet und in ihrer Küche gekocht hätte. Und als absolute Krönung offenbarte sie schlussendlich, dass sie schon während Angelas Schwangerschaft mit Gerald ein Verhältnis gehabt hätte.

Für Angela brach eine Welt zusammen. Erst dachte sie an einen Streich mit der Versteckten Kamera, doch dann wurde ihr klar: Diese Frau lügt nicht. Angela erfuhr von ihr, dass auch sie selbst von Gerald betrogen worden sei und es noch mindestens drei andere Frauen in Geralds Leben gäbe ... All das sei herausgekommen, als sie sich misstrauisch Zugang zu seinen SMS und seiner E-Mail verschafft und jedes Detail dieser unglaublichen Geschichte rekonstruiert hatte. Auch für diese Geliebte war eine Welt zusammengebrochen, denn sie hatte Gerald geglaubt, dass er eines Tages für sie frei sein würde, und sich jahrelang hinhalten lassen.

Schließlich traf Angela sich mit ihr und sah es dann schwarz auf weiß: Sie selbst und all diese Freundinnen waren betrogen worden. Jeder hatte er das Gleiche geschrieben. Und jeder das Gleiche versprochen. Eine seiner Geliebten, das erkannte sie nun aus seinen Korrespondenzen, hatte er ihr sogar einmal vorgestellt, ohne dass sie wusste oder überhaupt ahnen konnte, welches Spiel da im Hintergrund lief. Plötzlich wurde ihr bewusst, dass ihr Bauchgefühl all die Jahre die richtige Eingebung bereitet hatte. Und im Grunde war sie auch schon lange unglücklich in der Beziehung. Ihre Tochter war der Grund, warum sie voller Schmerz eine Faust in der Tasche machte und sich irgendwie mit ihm arrangierte. Wie viele Stunden haben wir damals zusammengehockt und wie oft haben wir eine Lösung für dieses Drama gesucht und diskutiert. Es musste erst diese unglaubliche Geschichte ans Licht kommen, damit sie die Kraft fand, sich zu trennen. Vorher stellte sie den Vielfach-Fremdgänger zur Rede.

Sie erwartete natürlich nicht, dass er es zugab. Sie erwartete Ausreden. Doch sie bekam, was sie am allerwenigsten erwartete – er rechtfertigte sein

Verhalten: *Ja, was kann denn ich dafür, wenn sich all diese Frauen an meinen Hals schmeißen??* Angela war wie gelähmt. Sie konnte es einfach nicht fassen, was da gerade passierte. War das jetzt ein böser Traum oder real? Es war so unvorstellbar, dass ihr Lebens- und Liebespartner zu so etwas fähig war.

Die professionelle Verlogenheit, mit der Narzissten zu Werke gehen, ist in der Tat unfassbar. Gerald hatte all diesen Geliebten sogar die Ehe versprochen und seine Trennung von Angela immer mit der Begründung hinausgeschoben, er könne sich wegen des Kindes momentan noch nicht trennen. Angela brauchte hinterher eine lange Therapie, um alles zu verarbeiten. Zum Glück war sie beruflich erfolgreich und konnte ihren Freund noch am gleichen Tag vor die Tür setzen, denn ihr gehörte die Eigentumswohnung, in der sie lebten. Nicht alle Frauen haben das Glück, finanziell auf eigenen Beinen zu stehen. Für Narzissten ist es die schlimmste Demütigung, verlassen zu werden. Sich mit ihnen vernünftig auseinanderzusetzen und zu reden, ist jedoch so gut wie unmöglich. Sie werden immer alles gegen einen verwenden und die Tatsachen so verdrehen, wie es ihnen gerade passt. Gerade wenn man ein gemeinsames Kind hat, ist die Herausforderung enorm, mit dem narzisstischen Partner klarzukommen. Denn der Narzisst wird nichts unversucht lassen, auch die gemeinsamen Kinder zu beeinflussen und gegen die Mutter aufzuhetzen. Ich habe meine Freundin Angela bewundert, wie sie es hinbekommen und ausgehalten hat, um dem gemeinsamen Kind den Vater nicht zu nehmen. Sie konnte es sich – im Gegensatz zu vielen anderen Frauen – glücklicherweise leisten, nicht vor Gericht die ihrem Kind zustehenden Unterhaltsansprüche einzuklagen. So unterließ sie juristische Schritte, um den Vater ihrer Tochter nicht zu ‚reizen'.

Lange Zeit hat sie gebraucht, um wieder zu vertrauen und einen Mann in ihr Leben zu lassen.

Ich kann es nicht oft genug sagen: *Finger weg von Narzissten!* Und wenn man in die Falle gerät, niemals schweigen, sondern sich guten Freunden anvertrauen und am besten auch einen Therapeuten aufsuchen zum Gespräch.

Es gibt die unterschiedlichsten Facetten dieser Persönlichkeitsstörung, doch all diese Menschen eint, dass sie anderen Leid zufügen und nicht liebesfähig sind.

Ich habe in meinem unmittelbaren Umfeld eine Frau, die ihren Ehemann für einen Narzissten verließ. Ein schillernder Typ mit einem Haufen Geld. Mit grenzenlosem Charme hat er sie umgarnt, sie ohne Ende verwöhnt und ihr geschmeichelt. Er hat sie mit teuren Klamotten eingekleidet und tolle Kreuzfahrten gemacht. So hat sie sich nach und nach von ihrem eigenen Umfeld entfernt und in ihrer Traumwelt gelebt. Ihm gefiel das, es tat ihm gut, Macht und Kontrolle über sie zu haben. Bald sollte sie auch ihre Mutter nicht mehr sehen. *Die passt nicht zu uns, sie ist zu einfach,* hat er gesagt. Sie gehorchte. Als Nächstes waren ihre Freundinnen dran. Sie merkte nicht, dass sie sich auch von sich selbst entfremdete. Eigentlich funktionierte sie nur noch, um ihm zu gefallen. Sie verlor sich völlig und war zum Schluss nur noch ein Wrack. Ich hatte Angst um sie. Nur langsam fasste sie wieder Fuß im Leben.

Ich las einmal, dass Narzissten zur sogenannten ‚dunklen Tirade' gehören, so wie auch Psychopathen und Machiavellisten. Allen gemein ist die krankhafte Ich-Bezogenheit und mangelnde Empathie. Die Auswirkungen reichen von Manipulation, Betrug, Lügen bis hin zu Bedrohung, Gewalt und Zerstörung.

Alains magische Hände

Die Lüge ist wie ein Schneeball:
Je länger man ihn wälzt, desto größer wird er.

MARTIN LUTHER

Zu meinen eigenen Erfahrungen mit Narzissmus gehört eine Episode, die ich vor ganz vielen Jahren auf meiner Lieblingsinsel Mallorca erlebte. Um ein Haar wurde ich Opfer eines schrecklichen Scharlatans. Laurin war klein, wir machten Urlaub, und plötzlich suchten mich fürchterliche Schulterschmerzen heim. Ich bekam den Geheimtipp, dass es auf dieser Insel einen ganz genialen Guru gäbe. Dr. Alain C. Ein Arzt, den jeder zumindest vom Hörensagen kannte. Er war beliebt und – so ging die Sage – wahnsinnig kompetent. Das einstimmige Urteil aus dem Dunstkreis meiner mallorquinischen Bekannten: Da musst du unbedingt hin, der hat magische Hände.

Was auch immer ich mir nun unter diesen magischen Händen vorstellen sollte, ich wollte diese Schmerzen loswerden und den Urlaub mit meinem kleinen Sohn genießen. Also nahm ich Kontakt zu dem geheimnisvollen Medizinmann auf, schilderte am Telefon mein Problem und bekam auch gleich einen Termin.

Die Insulaner hatten recht, dachte ich. Nett war dieser Alain. Er sah nicht gut aus, aber irgendwie hatte er etwas Besonderes, eine gewisse Ausstrahlung und Charme. Er bewegte meinen Arm gefühlvoll im Schultergelenk in verschiedene Richtungen, hielt am Ende jedes Bewegungsspielraums kurz inne, sah mich mit einem tiefen Blick an, murmelte etwas, tastete das Gebiet um das Gelenk ab, machte sich Notizen und massierte schließlich sanft die schmerzende Schulter. Es war in der Tat magisch, denn Alain schaffte es, meinen Schmerz zu lindern. Seine sanft-sonore Stimme, mit der er mir erklärte, was mit meiner Schulter los sei, fing mich ein. Auch wenn ich überhaupt nichts von dem verstand, was er zur Behandlung meiner Problematik erklärte, überzeugte er mich komplett von seiner Therapie. Wir vereinbarten weitere Termine, und wenn ich kam, machte er immer dasselbe, bewegte wieder den Arm im Gelenk, murmelte, massierte, machte Notizen. Nach einigen Sitzungen lud er mich zum Kaffee ein. Er machte dies so herzlich, aber auch beiläufig, dass ich mir nichts dabei dachte. Menschen kennenlernen in der Fremde, Gespräche führen und sich darüber austauschen, was den einen oder anderen auf das Eiland verschlagen hat – bei einem Kaffee auf öffentlichem Terrain war dies auf Mallorca ohnehin nichts Ungewöhnliches. Und natürlich genoss ich auch Alains ‚ärztliche' Aura, seine Aufmerksamkeit und seinen Charme, er hörte mir zu und gab mir das Gefühl, ganz für mich da zu sein. Damals war ich nicht glücklich in meiner Beziehung und empfänglich für derlei Schmeicheleien. Nach mehreren Therapiestunden, die mir wirklich geholfen hatten, schenkte ich ihm ein besonderes Autogramm. *Für Alain mit den magischen Händen,* schrieb ich und dankte ihm darauf auch für die gute Behandlung. Was ich zu dem Zeitpunkt nicht wusste: Er war kein Arzt. Und die Sprechstundenhilfe, die er in seiner ‚Arztpraxis' beschäftigte, war seine Frau oder Freundin – er hatte beides! Und das Kind seiner Freundin oder Frau auch das seine ...

Alain schaffte es, als sympathischer und hilfsbereiter Menschenfreund wahrgenommen zu werden. Es war für jeden ein heilendes und heiliges Geschenk, sich mit dem beliebten Inselarzt austauschen zu dürfen. Als er ein weiteres Mal eine kleine Begegnung zum Kaffee anregte, bot er mir an, Laurin derweil von seiner ‚Sprechstundenhilfe' betreuen zu lassen. Diese habe ja auch ein Kind, und so sei es für Laurin bestimmt ein schönes Erlebnis und für mich ein Stündchen Ich-Zeit. In dem Augenblick leuchtete seine Idee vollkommen ein und ich nahm sie dankbar an. Im Nachhinein wird mir aber heute noch schummerig, wenn ich diese Momente erinnere ... An jenem Tag aber gab ich ihm mein Vertrauen und Laurin in die Obhut seiner Angestellten. Doch dann nahm die Geschichte eine eigenartige Wendung. Wir saßen beim Kaffee, als Alain plötzlich mit seinen magischen Händen sanft meine weltlichen Hände nahm, mir tief in die Augen sah und sagte, wie schön ich sei und dass er – ja, er wüsste, es klänge sonderbar – sich wirklich unsterblich in mich verliebt hätte und er sein Leben fortan mit mir teilen wolle! Ohne mich könne er einfach nicht sein. In der Tat, es klang so sonderbar, dass ich perplex war und gar nicht wusste, wie ich reagieren sollte. Einerseits genoss ich die Gespräche mit ihm ja immer, aber das, was er da jetzt von sich gab, war ja wirklich nicht mehr ernstzunehmen. Auch wenn ich mich natürlich gebauchpinselt fühlte – wer tut das nicht bei so einem Kompliment –, aber das hier war doch nun wirklich eine vollkommen alberne Nummer. Mein Vertrauen wandelte sich schlagartig in Skepsis.

Ich machte mir Gedanken über diesen merkwürdigen Arzt, dem alle vertrauten. Er hatte ja auch mich beeindruckt, und nicht nur das, er hatte mir ja sogar mit meiner Schulter geholfen und erfolgreich meine Schmerzen behandelt.

Ein paar Tage später auf dem Heimflug stellte ich fest, dass er mir ein Päckchen in meine Handtasche geschmuggelt hatte. In diesem Päckchen befand sich ein Ring mit einem dazugehörigen Brief. Er schrieb, dass er mich unendlich liebe und ich irgendwann seine Gefühle erwidern würde. Er wolle mir gern diesen Ring von Cartier als Andenken an ihn schenken in der Hoffnung, dass ich ihn doch noch erhöre. Ich war wie vom Donner gerührt. Mein Bauchgefühl gab mir immer klarer ein, dass hier was nicht stimmte. Ich betrachtete den Ring von allen Seiten und als ich wieder in Köln war, nahm ich Kontakt zu einem guten Bekannten auf, der bei Cartier arbeitete, und bat ihn, den Ring mal unter die Lupe zu nehmen. Das Auge des Profis brachte schnell ans Licht:

„Das ist eine Fälschung, wer hat dir denn diesen Schrott angedreht? Hier, schau mal, alles nur Blech, auch wenn man es auf den ersten Blick nicht erkennt."

Tja, das fragte ich mich auch. Wer hat mir denn den angedreht? Wer war dieser Alain mit den magischen Händen? Die Wahrheit ist: Er war ein Scharlatan, ein Schwindler und Betrüger mit gefälschter Approbation und lauter falschen Urkunden. Und möglicherweise sogar der Mörder seiner Frau, die drei Jahre später mit durchgeschnittener Kehle im Garten einer andalusischen Villa aufgefunden worden war! Das Autogramm, das ich ihm mit meinem Dankgruß gegeben hatte, sollte mir auch noch Probleme bereiten, in der Öffentlichkeit landen, die Gerüchteküche der BILD-Zeitung ankurbeln und mich zu gerichtlichen Schritten nötigen. Denn auf der Titelseite der BILD-Zeitung stand plötzlich in großen Lettern: *Birgit Schrowange liebt einen Mörder!* Ich kann gar nicht in Worte fassen, wie furchtbar das für mich war. Mich hat all das damals sehr belastet. Wie konnte mir das passieren? Wie konnte ich einem solchen Mann trauen? Wäre der Ring echt gewesen und hätte er weiter geworben, was wäre dann wohl passiert? Es gruselt mich noch heute, dass ich meinen Sohn alleine bei Alains Frau ließ, oder seiner Geliebten oder wer auch immer sie war. Nachdem Alain nach seinem zweijährigen Unwesen auf Mallorca plötzlich von der Insel verschwunden war, kam man ihm schließlich auf die Schliche und ergriff ihn 2007 in Andalusien. Sein Weg endete schließlich in einem französischen Gefängnis, wo er wegen zahlreicher Delikte zu einer 20-jährigen Haftstrafe verurteilt wurde.

Auch Alain war einer jener narzisstischen Menschen, um die man am besten einen großen Bogen macht. Auch er hat Menschen manipuliert und missbraucht für seine Zwecke und viele mit seinem Charme eingewickelt. So viele sind auf ihn hereingefallen, so viele Frauen hat er um ihr Geld gebracht, die sich dann geschämt haben, an die Presse zu gehen. Ich war nur eins von zahlreichen Opfern, und letztlich bin ich ja mit einem blauen Auge davongekommen. Dass er ein schwer Krimineller war, machte die Sache besonders schaurig.

Meine Kollegin Marijke Amado hat eine ähnliche und in der Konsequenz viel schlimmere Erfahrung hinter sich. Neun Jahre lang war sie mit einem Betrüger liiert, der sie, wie sich schließlich herausstellte, mit zahlreichen Frauen betrog und nebenbei noch eine andere Frau hatte. Er hat Marijke um einen großen Teil ihres Vermögens gebracht. Der gutaussehende und charmante Narzisst nutzte die Gunst der Stunde in einer Situation, in der es Marijke nicht besonders gut ging. Nach zwei gescheiterten Ehen und nachlassendem Erfolg war die seit langem alleinerziehende Mutter leichte Beute.

Dass sie ihre Geschichte schließlich in einem Buch verarbeitet hat, finde ich einen sehr guten Schritt. Es ist einerseits ein wirksamer Weg, Geschehenes zu verarbeiten und in der eigenen Seele wieder zu heilen, und andererseits ist ein Buch einer prominenten Frau zu diesem wichtigen Thema auch eine große Unterstützung für andere Frauen in ähnlichen Situationen.

Vielleicht denken Sie jetzt: *Das könnte mir niemals passieren.* Doch tatsächlich ist niemand gefeit davor. Ich glaube, vor allem bei einsamen Menschen, Frauen wie Männer, haben diese ‚Heiratsschwindler' leichtes Spiel. Man möchte dann einfach nur hören, was man hören will, alles andere blendet man aus. Und es sind, wie gesagt, nicht nur Frauen betroffen, auch Männer werden oftmals Opfer von Narzisstinnen, lassen sich ausnehmen, sind gutgläubig und bezahlen gern für ein bisschen vermeintliche Liebe.

Wie kann man sich schützen

Wer sichere Schritte tun will, muss sie langsam tun.
JOHANN WOLFGANG VON GOETHE

Wie aber können Menschen sich schützen, damit sie nicht – oder nicht mehr – Opfer solcher Narzissten werden? Und wie kann man besonders betroffenen Frauen das Misstrauen und die Angst vor einer neuen Partnerschaft nehmen? Es ist ganz wichtig, nicht im Schmerz zu verharren, sondern sein Urvertrauen zu behalten oder wiederzugewinnen und sich Neugier und Offenheit zu bewahren. Gerade die schlimmsten Talfahrten der Seele bergen oft das größte Wachstum. Aus jeder Erfahrung geht der Mensch gestärkt und reich hervor. Und einiges kann man in Zukunft durchaus beherzigen, damit man nicht noch mal zum Opfer wird.

Aufs Bauchgefühl hören

Etwas ganz, ganz Kraftvolles, das Menschen – und besonders gut ausgeprägt wir Frauen – besitzen, ist unser Bauchgefühl. Man weiß heute, dass das Bauchgefühl bei Entscheidungen oft das bessere Gehirn ist und vieles schon wahrnimmt, bevor das Gehirn erst in der Lage ist, es zu denken. Das Bauchgefühl sagt uns sehr zuverlässig, wenn etwas nicht stimmt oder merkwürdig ist. Hier siegt die Frau, die dieses Gefühl nicht verdrängt, sondern ihm sorgfältig Raum gibt und folgt. Frauen müssen sich der Gefahr bewusst sein, ihrem Bauchgefühl möglicherweise auszuweichen, weil das Bedürfnis nach einem Partner, nach Liebe oder Anerkennung so groß ist, dass sie einfach alles andere ausklammern.

Apropos Bauchgefühl, auch wenn Nachfolgendes mit dem Thema Narzissmus nichts zu tun hat: Zwei Jahre nach dem Ende meiner Beziehung mit Markus ging ich eine kurze Liäson mit einem 15 Jahre jüngeren sehr gutaussehenden Mann ein. Mein Bauchgefühl sagte mir recht schnell: *Das passt nicht, das geht nicht gut.* Ich habe es ignoriert und natürlich ging es nicht gut. Ich wollte damals einfach zeigen, jawohl, ich bekomme auch noch einen attraktiven Mann ab. Ich ging sogar mit ihm auf den roten Teppich und sechs Wochen danach war die Geschichte vorbei. Es war einfach Dummheit und Eitelkeit, die mich nicht auf mein Bauchgefühl hören ließen.

Es gibt diese Lebenssituationen, in denen der Mensch bedürftig ist, warum auch immer. Bedürftig sind normalerweise kleine Kinder. Wenn ein erwachsener Mensch sich bedürftig verhält, agiert er im Modus eines Kleinkindes, was bedeutet, er oder sie kann nicht emotional für sich selbst sorgen, liebt sich selbst nicht genug und schaltet rationales Denken aus. Wenn man bedürftig ist, dann ist oder wird man Opfer der Umstände. Hier hilft es enorm, sich dieser Tatsache wirklich bewusst zu sein und diese Option bewusst durchzuspielen. Am Ende hilft Ehrlichkeit sich selbst gegenüber. Die Ehrlichkeit, das Bauchgefühl richtig wahrgenommen zu haben. Die Ehrlichkeit, eine eventuelle Bedürftigkeit aufzudecken und bewusst zu entscheiden, ihr nicht nachzugeben. All dies muss darin münden, weiterhin offen für Neues zu bleiben, aber innezuhalten, wenn das Bauchgefühl warnt.

Sich mitteilen

Ebenfalls wichtig ist Kommunikation mit anderen. Vertraute Menschen im Freundeskreis oder in der Familie, denen man Gedanken, Sorgen und Ängste mitteilen kann, sind von unschätzbarem Wert. Es sind dies Menschen, die nicht bewerten, sondern zuhören und dann vielleicht sogar die richtigen Fragen zu dieser angeblich großen neuen Liebe stellen. Es ist wichtig, dass Frauen sprechen und sich vertrauten Menschen mitteilen über das, was sie in ihrer Situation erleben und empfinden.

Ein *Ich liebe dich* eines Mannes, beispielsweise, den man erst einen Tag oder eine Woche kennt, sollte sofort hellhörig machen. Liebe entsteht mit der Zeit, aber fällt nicht einfach nach einem Wimpernschlag vom Himmel. Eine gute Freundin, der man erzählt, dass der potenzielle neue Partner mit dem unwiderstehlichen Charme so etwas gesagt hat, kann die alles entscheidende Hilfe sein, sich nicht sofort fallen zu lassen, sondern sich Zeit zu nehmen und den anderen wirklich kennenzulernen. Frauen brauchen ein Gegenüber, mit dem sie immer wieder über diese neue Entwicklung sprechen können. Jemanden, der sie hilfreich spiegelt.

Selbstliebe stärken

Gerade ältere Frauen fühlen sich oft einsam und nicht mehr ‚gesehen'. Dieses Problem betrifft tatsächlich sehr viele Frauen, die dadurch natürlich leichte Beute sind. Es ist unglaublich wichtig, sich selbst wirklich in Gänze anzunehmen, sich zu lieben und immer an erste Stelle zu setzen. Erst wenn dieser Schritt wirklich gelingt, ist der Weg für gesunde und kraftvolle Entscheidungen frei. Es muss immer gelingen, bei sich selbst zu bleiben und sich nicht zu verlieren. Einen Partner zu finden, der wie Maßarbeit zu einem passt, ist natürlich etwas Wunderschönes. Doch es gibt nicht den Prinzen auf dem Pferd, und es gestaltet uns auch kein Prinz ein neues Leben. Die Projektion, dass ein anderer unser Leben ändern und verbessern wird, funktioniert nicht! Jeder Mensch ist der Schöpfer seines eigenen Lebens.

Es kann JEDE/N treffen

Übrigens werden nicht nur ältere einsame Frauen beziehungsweise Frauen überhaupt Opfer. Es kann einfach jede und jeden treffen. Der Basketball-Profi Dirk Nowitzki wurde von seiner Verlobten übelst betrogen. Die Hochzeit war bereits geplant, als der Betrug aufflog. Die Betrügerin sitzt mittlerweile im Gefängnis.

Einen weiteren Fall gab es in meinem Bekanntenkreis, als sich ein Mann unsterblich in eine 20 Jahre jüngere Frau verliebte. Sie kam aus Brasilien, sah unglaublich gut aus und gaukelte ihm die große Liebe vor. Mein Bekannter ist optisch jetzt eher durchschnittlich und nicht der unwiderstehliche Adonis, er verdient im mittleren Management ganz gutes Geld und wollte einfach glauben, dass es stimmt. Die innere Stimme ignorierte er, als seine Geliebte immer mehr forderte: Geld, Schmuck, Reisen ... bis es nichts mehr zu holen gab und sie so schnell verschwand, wie sie gekommen war. Mein Bekannter war am Boden zerstört und hat bis heute keiner Frau mehr getraut, so tief sitzt das Erlebte bei ihm. Wie sagt eine Freundin von mir immer so schön unverblümt: Wenn der Schw... steht, ist der Verstand im A...

Oder der Fall einer blutjungen Studentin aus dem Umfeld einer Freundin. In der Beziehung mit einem ebenfalls sehr jungen Mann – beide gerade mal Anfang 20 – wurde die Studentin bereits früh im Leben Opfer von Aggression, Manipulation und Kontrolle. Doch zunächst umwarb der junge Eventmanager, der sich schon zu Beginn seines Berufslebens hauptsächlich über diesen Job definierte und sich großartig vorkam, das Mädchen mit all seinem gespielten Charme und lockte sie mit materiellen Dingen. Dann nistete er sich in ihrer Studentenwohnung ein und begann, sie emotional zu kontrollieren. Als sie es mithilfe ihrer Freundin nach zwei Jahren endlich schaffte, sich aus der Beziehung zu lösen, schloss sich noch ein Messagealptraum an. Einige Wochen schrieb der junge Mann täglich Nachrichten voller Selbstmitleid und Erpressung, um sie mürbe zu machen. Er vermisse sie so, sie sei die Frau seines Lebens, er wolle ohne sie nicht mehr leben. Zugleich war er aber, dies hatte ein anderer Freund durch Zufall beobachten können, schon am Tag ihrer Trennung wieder unterwegs gewesen auf dem Beutefeldzug nach neuen Opfern.

Dies zeigt, es kann wirklich jeden Menschen treffen, egal ob Mann oder Frau, jung oder alt. Freunde zu haben, die in einer solchen Lage da sind und unterstützen, ist von unschätzbarem Wert.

Therapeutische Hilfe suchen

Wozu ich betroffenen Menschen unbedingt rate, ist psychologische Unterstützung. Gerade bei narzisstischem Missbrauch ist es wichtig zu reflektieren und Antworten zu finden. Man sollte darüber mit Menschen reden, die das nötige Fachwissen haben, um die schlimmen Erfahrungen mit Narzissten aufzuarbeiten.

Zeichen richtig deuten

Eine Möglichkeit, die immer besteht, um eine narzisstische Persönlichkeit zu identifizieren, ist das Beobachten, Erkennen und Einordnen spezifischer Merkmale, die eine solche Persönlichkeit ausmachen. Schon dieses kleine Kapitel gibt ein wenig Ahnung davon, bei welchen Eigenschaften und Verhaltensweisen Vorsicht zunächst Sinn macht. Auffällig ist durch die Bank weg der unvergleichliche Charme, mit dem Narzissten ihre Opfer umgarnen. Sie sind witzig, unterhaltsam und blenden Menschen mit ihrem wahnsinnigen Charisma. Gute Beobachter spüren den Abgrund dahinter bald: Übertriebener Egoismus und Selbstüberschätzung, Mangel an Schuldgefühl, moralischen Skrupeln und Empathie, Berechnung, Lügen und Manipulation sowie das Führen eines Doppellebens und ständiges Fremdgehen lassen nach dem anfänglich so schillernden Auftreten nicht lange auf sich warten.

DIE SCHLIMMSTEN
TALFAHRTEN DER SEELE
BERGEN DAS
GRÖSSTE WACHSTUM.

Frauen und all ihre Hüte

Wenn du willst, dass etwas gesagt wird, frag einen Mann; wenn du willst, dass etwas getan wird, frag eine Frau.

MARGARET THATCHER

Frauen – sogar Männer bemerken das wohlwollend schmeichelnd – seien Multitasking-Talente und können einfach alles gleichzeitig machen. So sagt man. Sie telefonieren mit ihrem Chef, während sie ihr Baby wickeln, kochen gleichzeitig ein 5-Gänge-Menü, schreiben dabei noch die Einkaufsliste für den Supermarkt, öffnen ganz schnell dem Postboten die Tür und sortieren währenddessen rasch mit den Füßen den Wäscheberg im Flur auf dem Boden – Kochwäsche, Buntwäsche, Seide und Feines ... Wenn der Gatte dann bewundernd bemerkt, *Liebling, du bist einfach die Größte!*, sind sie womöglich noch stolz. Und wahrscheinlich würde auch kein Mann widersprechen, dass diese Gabe des gleichzeitigen Jonglierens verschiedenster Alltagsbälle allein dem Weibe geschenkt wurde und er selbst, der Herr der Schöpfung, beim Verteilen dieser Talente wohl leider zu kurz gekommen und leer ausgegangen ist. Ja, warum sagt er das denn wohl, der gute Gatte? Vielleicht, damit der Kelch des Hin- und Herhüpfens zwischen Job, Kind, Küche, Haus und Hof auch weiterhin an ihm vorübergeht? Ich würde mal frech behaupten: So isses!

Denn die Wahrheit ist: Niemand kann Multitasking. Keine Frau. Kein Mann. Kein Alien. Niemand. Was Frauen da entwickelt haben, ist ganz einfach ein aus der Not geborenes flinkes und effizientes Koordinieren ihrer zahlreichen Aufgaben und Rollen. Die Uhr bekommt Shapewear verpasst, die Fülle überlappender Aufgaben wird reingequetscht in dieses Korsett und passend gemacht. Der Rest ist Training. Ob sich das gut anfühlt, ist die andere Frage. Aber wenigstens sieht es gut aus.

Machen wir doch einfach mal einen kleinen Spaziergang durch weibliche Welten. Eigentlich ist es ein ganzes Universum ...

Frauen als Töchter

Um klar sehen zu können,
reicht oft ein Wechsel der Blickrichtung.

ANTOINE DE SAINT-EXUPÉRY

Jede Frau ist von Natur zugleich auch noch etwas anderes: Sie ist eine Tochter. Die Tochter einer Frau, die ihrerseits noch etwas Weiteres ist: eine Mutter. Und so soll der Spaziergang durchs weibliche Universum zunächst durch das Tochter-Muttergeflecht führen, das mir so einige Erinnerungen und unterhaltsame Anekdoten eingibt, aber auch viele Reflexionen über diese intensive menschliche Verbindung, die auch für andere Frauen wertvoll und nützlich sein können.

Eins ist klar – schon als kleines Mädchen war ich für meine Mutter vor allem dies: die reinste Herausforderung. Ich war nicht das Bilderbuch-Töchterchen, das man später, wenn es zur jungen Frau herangewachsen sein würde, mit einem ruhigen und korrekten Beamten verheiraten konnte, auf dass die Zukunft des Kindes gesichert sei. Ich war das reinste Flausenbündel mit reichlich Ecken und Kanten. Für meine Eltern war dies früher nicht einfach, für mich war es ein Segen.

Diese Konflikte zwischen den Generationen sind eigentlich etwas ganz Natürliches und ich bin sicher, jeder Leserin werden nun verschiedenste Ereignisse einfallen, wo Sie mit Ihrer Mutter auf Kriegsfuß standen. Wenn ich so darüber nachdenke, glaube ich, dass dieses kleine Tochter-Mutter-Kapitel allen Frauen dazu dienen kann innezuhalten und vielleicht einmal weniger kritisch, sondern eher liebevoll die Gedanken in ihre Kindheit zu schicken. Konflikte zwischen Mutter und Kind werden immer genährt durch die unterschiedlichen Prägungen, welche die Generationen in ihrer eigenen Kindheit erfahren haben. *Ich will doch nur dein Bestes,* ist sicherlich ein Satz zum Augenrollen, aber er ist tatsächlich wahr. Eine Mutter will wirklich nur das Beste für ihr Kind, auch wenn das gewählte Beste in der Realität bisweilen vielleicht vollkommen ungeeignet ist.

Meine Mutter wollte immer das Beste für mich und meine Geschwister. Wenn sie mich früher mit Nachbarkindern verglich, die ihrer Ansicht nach Dinge besser konnten oder machten als ich, war ihre Absicht eine gute: Sie wollte mich anspornen und motivieren. Natürlich hat das nicht funktioniert. Im Gegenteil, ich fand es schlimm und haderte mit meinem Selbstvertrauen. Solche scheinbar kleinen Dinge können eine ungeheure Kraft entwickeln und die spätere Haltung zu sich selbst sowie das Selbstbewusstsein prägen, so dass man als erwachsene Frau die Überzeugung mit sich herumträgt, man sei nicht gut genug. Wir Menschen haben ohnehin das Problem, dass wir uns immerzu mit anderen vergleichen – mit unseren Idealen und Wunschbildern –, um dann verblendet festzustellen, dass wir in diesem Vergleich schlecht abschneiden. Statt das zu entdecken, was uns besonders und wertvoll macht, graben wir das aus, was uns nicht gut genug erscheint, wir werden unglücklich und unzufrieden und fühlen uns minderwertig.

Weil ich heute erkenne, dass meine Mutter in bester Absicht und wirklich aus Liebe, Sorge und Fürsorge gehandelt hat, fällt es mir überhaupt nicht mehr schwer, Fehler der Vergangenheit liebevoll zu verzeihen. Jede Mutter macht ihre Sache so gut, wie sie es kann. Jede Mutter ist dabei geprägt von dem, was sie selbst erlebt und ihre eigene Elterngeneration an sie weitergegeben hat, die wiederum geprägt wurde von ihrer eigenen Zeit. Bei unseren Eltern war es vor allem der sinnlose Weltkrieg, der Ängste, Verletzungen und schreckliche Erinnerungen hinterließ, die für uns, die Nachkriegsgeneration, kaum vorstellbar sind. Wenn wir uns bewusstmachen, wie sehr unsere Eltern von diesen Ängsten und Sorgen immer noch durchdrungen sind, kann es uns gelingen, aus ihrem zuweilen nicht nachvollziehbaren Verhalten liebevolle und charmante Anekdoten zu zaubern, die uns schmunzeln lassen.

Ich erinnere mich dabei an eine Geschichte mit meiner Mutter, die ich nie vergessen werde. Ende der 90er Jahre war es, als sie mich ganz aufgeregt anrief. „Ach Biagit, hast du schon die Zeitung gelesen? Maria Schell – die ist pleite!" Mutter klang sehr besorgt.

„Nee, ist die pleite!? Sowas aber auch! – Was interessiert dich das denn, ob Maria Schell pleite ist?"
„Biagit, hast du noch Geld??"
„Ja, Mama, wieso?"
„Ja, wenn Maria Schell pleite ist, warum sollst du denn besser dran sein als Maria Schell?"
„Weil ich vielleicht nicht so lebe wie Maria Schell? Ja, Mama, und jetzt?"
„Ja, hast du denn noch Geld?"
„Ja, ich hab Geld, ich passe schon mein Leben lang sorgfältig auf. Aber ich kann dir das ja noch so oft erzählen, du glaubst es mir ja doch nicht ..."

Sei es ganz früher zur Zeit meiner Kindheit, zur Zeit des von Mutter thematisierten Maria-Schell-Bankrotts vor 20 Jahren oder heute – die Sorgen und Ängste unserer Eltern sind ständig präsent. Wenig später hatten wir das Thema erneut, als sie mich in Köln besuchte und mal wieder aus dem Nichts heraus befürchtete, der Himmel würde uns bald auf den Kopf fallen.

„Mama, jetzt wirst du 86 Jahre ..."
„Ja, es kann aber doch so viel passieren, Biagit! Es kann ja so viel passieren! Dann wolln wir mal hoffen, dass alles gutgeht!"
„Ja, dann wolln wir mal hoffen. – Kannst du nicht mal sagen: ‚Ich bin sicher: Es geht alles gut!'?"
„Ja, aber es kann doch so viel passieren!"
„Mama, 50 Jahre hör ich mir das jetzt fast schon an. Jetzt überleg mal: Was ist in den letzten 50 Jahren passiert? Welche schweren Schicksalsschläge musstest du durchleiden?"
„Ja, Kind, ich weiß ja, dass es uns gutgeht. Ich weiß das ja."
„Da siehst du es. Und jedes deiner Kinder hat 'nen Job, keiner ist drogensüchtig ..."

Apropos drogensüchtig. Schon rollte während unseres Gesprächs die nächste Katastrophe heran. Während wir über die Unwägbarkeiten des

Lebens diskutierten – natürlich mit der ewiggleichen Quintessenz *Et hätt noch emmer joot jejange* –, fiel Mutters Blick auf eine kleine Sammlung Behälter mit verdächtigen Substanzen. Das konnten nur Drogen sein. Erst hing ihr Blick starr an den Kapsel- und Pulvertöpfchen, dann schaute sie mich entsetzt an.

„Biagit, oh mein Gott! Du nimmst Drogen!"
„Was nehm ich, Mama???"
„Ich seh's an deinen Augen, die Pupillen!"
„Was??"
„Aber das sind doch alles Drogen! Das seh ich doch!"
„Was sind das denn für Drogen? Das sind Vitamine. Mineralstoffe ..."

Sei es Bankrott, Drogensucht oder irgendetwas anderes, sie sind halt da, diese Ängste der Eltern – inzwischen bin ich dankbar, dass ich selbst auch nicht mehr so taufrisch bin und die reifen Jahre mich verständnisvoll und gelassen gemacht haben. Hätte mich früher sowas vermutlich genervt, so kommentiere ich es heute mit liebevoller Ironie.

„Wenn ich 'ne Entziehungskur mache, komm ich nach Nehden", stichel ich dann humorvoll, „ich weiß ja: Ihr seid immer für mich da!"
Natürlich muss sie dann trotzdem noch mal betonen, dass man ja letztlich nie wissen kann. Sie ist einfach so. Und dann guckt sie mich an mit ihren 86 Jahren und sagt:
„Ja, du hast ja recht. Es ist ja nix passiert ... aber es könnte ja noch kommen!"
„Ja, Mama – und wenn's dann kommt, dann kommt's!"

Es steckt ganz einfach tief verwurzelt drin in unseren Eltern. Und es ist auch nun mal so, dass wir Kinder viele Verhaltensmuster der Eltern zunächst übernehmen. Auch ich hatte früher Ängste. Stand ich vor der Kamera, fragte ich mich: *Ogottogott, schaff ich das?* Wenn ich ein Mikrofon hielt, war ich dankbar für Tipps von Kolleginnen, die mir halfen, dass das Mikrofon nicht aus den Händen glitt oder meine Knie nicht vor Nervosität und Zittern schlackerten. Es liegt in der Natur der Sache: Wir übernehmen vieles von den Eltern und der Zeit, in der wir aufwachsen. In unserer Kindheit war es das Kleinhalten und Sicherheitsdenken. Als Mädchen hatte ich besonders bescheiden zu sein. Und die Kündigung meiner Festanstellung im Anwaltsbüro und hinterher meiner Anstellung beim WDR, um zum ZDF zu gehen, sorgte für elterliches Entsetzen gepaart mit der Mahnung zu Bescheidenheit: *Wer hat denn auf dich gewartet? Das wollten schon ganz andere! Da kommst du unter die Räder!* – Diese Sätze gehörten zum normalen Sprüche-Repertoire früher. Es hätte heißen müssen: *Wir glauben an dich!*

Oder die Sicherheit, die meine Mutter sich für mich wünschte, indem sie mich am liebsten mit einem Beamten verheiratet hätte, gehört auch ins Denken jener Zeit. Ein Freiberufler? Das geht auf keinen Fall! Da ist man doch nicht abgesichert! Es ist die ewige Sorge um ihre Kinder, die sie treibt. Auch wenn es nervt, nichts davon ist böse gemeint.

Da sich alles wandelt und die Zeiten sich ändern, wurden wir eine ganz andere Generation. Wir reflektieren mehr, wir entwickeln uns weiter, machen vielleicht auch mal eine Therapie, lesen psychologische Bücher und haben einen ganz anderen Umgang. Dies ist für uns eine wunderbare Möglichkeit, Schalen alter Prägung zu sprengen. So etwas war für unsere Eltern damals nur schwer zu verwirklichen. Wir hingegen sind offener geworden und sprechen viel. Über Dinge. Über Gefühle. Über alles, was uns bewegt. Ich habe beobachtet, dass es dies zu meiner Kindheit so nicht gab. Vieles blieb un*aus*gesprochen und un*be*sprochen. Und wo man heute offen Gefühle zeigt, gab es auch das früher nicht. Viele waren sicher auch froh, keine Gefühle zeigen zu müssen, besonders dann, wenn es die erwarteten Gefühle nicht mehr gab. Doch Paare, die sich nicht liebten, blieben in unserer Elterngeneration zusammen. Es wurde ausgehalten. Durchgehalten. Augen zu und durch. Heute verbinden und trennen sich Paare hingegen oftmals viel zu schnell und tun nichts für ihre Ehe. Das ist das andere Extrem. Es ist wie immer die goldene Mitte, die vermutlich am besten wäre. So ist es gut und richtig, dass Frauen heute aus Ehen, in denen sie misshandelt und geschlagen werden, ausbrechen können. Doch es gibt auch viele Eheprobleme und Konflikte, bei denen Paare zu schnell kapitulieren und sich gar nicht mehr die Mühe machen, die Beziehung zu erhalten. Dies ist nicht nur für die einzelne jeweilige Beziehung schade. Es zeigt auch eine bedenkliche Entwicklung unserer Haltung zu Werten.

Auch wenn jeder von uns einen mehr oder weniger tief eingeprägten Erziehungsstempel auf der Seele trägt, halte ich eines für ausgesprochen wichtig: Niemals darf man hadern mit dem, was war, oder die Kindheit für alles verantwortlich machen. Wir haben jederzeit die Möglichkeit, neue Entscheidungen zu treffen und neue Wege zu gehen. Wir sind für unser Leben immer selbst verantwortlich.

Hier fällt mir eine Bekannte ein, die keine schöne Kindheit hatte. Sie wurde geschlagen, vernachlässigt und hatte einen schweren Start ins Erwachsenenleben. Doch heute hat sie sich so darin vergraben und verbissen, dass sie kaum noch loslassen kann. Loslassen gehört zu den wichtigsten Dingen eines glücklichen Lebens. Ich werde später noch etwas dazu schreiben. Es gibt sogar Studien darüber, dass selbst vernachlässigte Kinder vieles wieder aufholen können in neuen Beziehungen, Bindungen und Begegnungen, wenn es ihnen gelingt, das Alte loszulassen.

Zur Überwindung negativer Kindheitsprägungen, wie beispielsweise ‚nicht gut genug' zu sein, gibt es ein wunderbares Buch von Stefanie Stahl. Es ist das Buch *Das Kind in mir muss Heimat finden*, das ich hier unbedingt empfehlen möchte. Kurzgefasst geht es darum, sein sogenanntes Schattenkind zu erarbeiten, das symbolisch für alle negativen Kindheitsprägungen steht, die zu Überzeugungen geführt haben wie: *Ich genüge nicht! Ich bin nichts wert! Ich bin nicht liebenswert!* Das Buch unterstützt dabei, das eigene Schattenkind in sich zu finden, um es dann zu beruhigen, zu trösten und zu regulieren. Dadurch gelingt es, dem eigenen Sonnenkind wieder neue Stärke zu geben. Das Sonnenkind steht für alle positiven Kindheitserfahrungen und gleichzeitig für alles, das wir als Erwachsene selbst neu erlernen können.

Dieses Buch würde sicherlich auch unserer Elterngeneration eine große Hilfe sein, ihre eigenen Prägungen zu überwinden und vor allem sie zu verstehen. Früher als ich noch jung war, hätte ich wahrscheinlich mit meiner Mutter eine Diskussion angefangen, wenn sie das Buch und dessen Thema als Kokolores abgetan hätte. Vermutlich hätte ich auf ihre denkbare Reaktion, *Ach, ihr mit eurem Psychokram, was soll das?*, eine unerbittliche Mission gestartet, sie zu überzeugen und ihr klarzumachen, dass sie wahrscheinlich unbewusst ahnen würde, was da alles zutage kommen könnte und sie diese schlafenden Hunde wohl nur nicht wecken wolle. Eine ebensolche Diskussion hätte ich früher mit meiner Mutter wahrscheinlich über ihr altmodisches Rollenverständnis geführt. Inzwischen sind aus hitzigen Debatten normale erklärende Gespräche geworden, denn mir ist klar, wie schwer es für sie ist, alte Überzeugungen über Bord zu werfen. Ich erinnere mich an ein solches Gespräch, als ich meine Eltern vergangenen Sommer auf der Durchreise besuchte.

„Was macht der Junge?", fragte Mama, der ihr Enkel Laurin sehr ans Herz gewachsen ist.

„Der Junge ist 18! Also, eher ein junger Mann ...", gab ich zur Antwort, „und er ist zu Hause."

Sie schaute mich voller Sorge an.

„Du kannst den Jungen doch nicht alleine lassen!"

„Wieso nicht?"

„Ja, wer kocht denn für ihn? Wer macht denn die Wäsche?"

„Das wird er wohl selber hinkriegen. Laurin kann selber waschen. Und er kann kochen. Ich bin doch nicht sein Kindermädchen."

An eine ähnliche Geschichte erinnere ich mich aus dem vergangenen Jahr im Urlaub. Wir waren auf Mallorca – meine Eltern, Frank und ich. Eines Abends hatte ich für uns gekocht, und nachdem wir gemütlich zusammengesessen und gegessen hatten, stand Frank auf und räumte den Tisch ab, um die Sachen dann in die Spülmaschine zu stellen. Die Augen meiner

Mutter gewannen unmittelbar immens an Größe, in ihrem Blick war Entsetzen.
„Biagit! Das kannst du doch nicht den Frank machen lassen!", entfuhr es ihr entrüstet.
„Wieso nicht?", fragte ich kurz und knapp.
„Nee, Biagit, das macht man ganz einfach nicht. Das kannst du den Frank nicht machen lassen, das musst *du* machen!", betonte sie ihre Überzeugung erneut.
„Mama! Wir teilen uns die Aufgaben. Wenn ich koche, räumt Frank die Spülmaschine ein. Wenn er kocht, räume ich auf. Was ist dein Problem?", fragte ich sie – und mich selbst fragte ich, ob sie es je lernen würde …
„Ja, aber pass mal bloß auf, dass er dir nicht laufengeht! Du bist ja ne richtige Diva!", entgegnete sie und verzog das Gesicht.
„Sagst du das auch, wenn du für Papa was machst? Ist er dann auch ein … ‚Divus'?"

Ich bin also eine Diva, obwohl ich ganz normale Dinge mache. Ich hatte für meine Familie gekocht und Frank hat mit angepackt, indem er anschließend abräumte. Eigentlich ganz normal, würde ich sagen. Hand in Hand erledigt man Aufgaben. Ich bin doch keine Diva! Ich arbeite. Ich verdiene Geld. Ich kümmere mich um alles Mögliche. Jeder von und bringt seinen Teil ein. Jeder packt mit an.

Natürlich wäre es toll, wenn Mutter es eines Tages versteht und auch so sieht. Obwohl sie eigentlich eine moderne Frau ist, wie ich finde, macht sie hier immer noch einen Unterschied. Natürlich habe ich noch einen ganzen Haufen ähnliche Erinnerungen. Als Kind haben mich diese Dinge auf die Palme gebracht. Jahre später, als erwachsene Frau wurde ich milder und aus Rebellion und Rage wurden Augenrollen und Kopfschütteln. Heute auf vollreifem Zenit meines eigenen Lebens wandelte sich all dies in ein sehr echtes und tief empfundenes Verständnis für meine Mutter. Denn womit auch immer ich nicht einverstanden gewesen sein mochte in all der vergangenen Zeit – meine Mutter hat mir das wertvollste Geschenk gemacht, das sie mir geben konnte: mein Leben.

Bin ich eine gute Mutter?

Das Herz einer Mutter ist das Schulzimmer eines Kindes.
HENRY WARD BEECHER

Und dann war ich auf einmal selbst Mutter. Ich hatte mir immer ein Kind gewünscht und bekam endlich, als sogenannte Spätgebärende, im Alter von 42 Jahren meinen Sohn Laurin. Heute weiß ich: Mutter zu werden und zu sein, gehört zu den größten Geschenken im Leben einer Frau, denn kaum etwas bringt die persönliche Entwicklung einer Frau so sehr voran wie die Mutterschaft. Keine Schule kann besser das lehren, was die Mutterrolle tut: Verantwortung übernehmen, Stärke entwickeln, Empathie entfalten, Liebe erfahren und geben, Durchhaltevermögen zeigen, Sozialkompetenz und Selbstlosigkeit leben – es ist ein großer Reichtum verschiedenster Eigenschaften und Werte. Bevor Laurin in mein Leben kam, hätte ich niemals vermutet, welchen kraftvollen positiven Impuls das Muttersein für mich bereithielt. Nun weiß ich es – und bin dankbar.

Sobald eine Frau ein Kind bekommt, will sie vor allem eines: eine gute Mutter sein. Natürlich kenne auch ich die Zweifel und Schuldgefühle, von denen Mütter zuverlässig heimgesucht werden. Hartnäckig hilft das berühmte Teufelchen der zentralen Frage immer wieder auf die Schulter jeder Mutter, um sie mit der elementaren Botschaft verrückt zu machen: *Bin ich eine gute Mutter?*

Eine gute Mutter. Was muss man genau tun, um eine solche zu sein?

Man macht sich diese Gedanken ja schon, wenn das Kind noch gar nicht geboren ist und betreibt heutzutage exzessiv ‚Geburtsvorbereitung', damit auf keinen Fall irgendetwas schiefgeht. Viele Vorsorge- und Unterstützungsangebote für werdende Mütter sind ja ganz sicher eine große Hilfe für junge Frauen. Doch manche Sachen? Ich erinnere mich da an besagte ‚Hechelgruppe', die ich während meiner Schwangerschaft einmal besuchte. Denn geburtsgerechtes Atmen will schließlich gelernt sein. Quasi als Kreißsaal-Qualifikation, wenn die Wehen kommen. Und dann saß ich da mit

Markus und den anderen Paaren im Hechelkreis, die Männer knieten hinter den Frauen, und wir hechelten. Nicht nur die Frauen. Auch die Männer sollten mithecheln. Und wenn zwischendurch mal nicht gehechelt wurde, tauschten Hechlerinnen und Hechler Schauergeschichten aus über bereits durchgestandene Risikogeburten und sonstige Gefahren – ich hatte nicht geahnt, dass ein Kind zu bekommen eine solche Mutprobe war. Zum Glück gab mir mein gesunder Menschenverstand ein, dass ich hier nun wirklich genug gelernt hatte, und ich war von da an überzeugt, dass ich es ganz instinktiv schon richtigmachen würde.

Doch dann ist das Kind auf der Welt, und sobald das Baby die ‚Beikostreife' erreicht hat, geht der Gute-Mutter-Wettbewerb los. *Wie? Du fütterst Gläschen? Ich koche den Brei aber selber!* So lauteten die mahnenden Worte der Übermütter an die Rabenmütter. *Ja, und?*, dachte ich. Dann war ich halt eine Rabenmutter. Ich kann alle Frauen beruhigen, die auch Gläschen füttern. Die Nahrung in den Gläschen ist von guter Qualität. Es kann eine Kostenfrage sein, je nachdem, wie man sonst einkauft und kocht. Doch das sollte jede Mutter wirklich selbstbewusst ganz alleine entscheiden.

Genauso verhält es sich in Kindergarten und Schule beim Kuchenalptraum. Naht ein Kindergeburtstag, muss Kuchen mitgebracht werden. Doch nicht nur mitgebracht – am besten auch selbstgebacken. Ein klarer Fall für den Perfektionswahn der Übermütter. Ich gebe frank und frei zu: Ich habe in einem solchen Fall immer den Kuchen gekauft und nicht gebacken. Wer wirklich Lust zum Backen hat, möge backen. Doch warum sollte man ein schlechtes Gewissen haben, wenn man einen Kuchen kauft? Ich hatte dieses schlechte Gewissen zum Glück nicht. Doch ebenso hatte ich keine Lust auf Diskussionen mit der Übermutterfront, und so habe ich den gekauften Kuchen jedes Mal ein bisschen zerrupft, so dass er eines ganz klar zu sein schien: selbstgebacken!

Als Laurin im Kleinkindalter eine Krabbelgruppe besuchte, hatten sich die meisten Krabbelgruppenmütter dort ihre Gute-Mutter-Zertifizierung beispielsweise durch Aufgabe ihres Jobs gesichert. Das kam für mich auf keinen Fall in Frage. Zum Glück war und bin ich auch der festen Überzeugung, dass nicht zwingend der Vollzeitmutterstatus dem Wohl des Kindes am besten gerecht wird. Der beste Nährboden für zufriedene und glückliche Kinder sind glückliche und zufriedene Mütter. Solche wiederum sind unzweifelhaft diejenigen, die außerhalb ihrer Mutterrolle auch noch eine andere Aufgabe haben, die sie erfüllt, die Anerkennung und Wertschätzung mitbringt und die Müttern vor allem auch finanzielle Unabhängigkeit und Freiheit gibt. Als Laurin damals in besagter Krabbelgruppe war, habe ich dort genau diese Mütter vermisst. Die meisten Frauen hatten außerhalb ihres Mutterseins kein eigenes Leben mehr, alle Gesprächsthemen drehten sich nur um den Nachwuchs. Überhaupt wird die Aufzucht des Nachwuchses – sei die Mutter nun berufstätig oder nicht – heutzutage zuweilen mit einer sehr befremdlichen ‚Fürsorge' betrieben. Helikoptereltern machen Lehrern in der Schule oder Erziehern in der Tagesstätte das Leben schwer, die Potenzialentfaltung des Kindes erhält eine absonderliche Dimension. Ich erinnere mich an eine Begebenheit aus Laurins Krabbelgruppenzeit.

Regelmäßig gab es Treffen, bei denen die Kinder spielten und die Mütter sich austauschten. Auch wenn ich gewiss nicht auf den Mund gefallen bin, empfand ich diese Krabbelnachmittage manchmal anstrengend. Gerne hätte ich mich mit den anderen Frauen mehr über persönliche Ziele, Wünsche, Gedanken oder Herausforderungen unterhalten, doch das ganze Leben und Sein der Mütter drehte sich fast einzig und allein nur noch um die Kinder. Windelwechsel und Windpocken, Kleinkindkost und Karottensaft, Märchen und Mumps – einige der Mütter, die mein Denken teilten, und ich fühlten uns manchmal wie Exoten und einsam. Hatten die anderen Mütter keine eigenen Interessen mehr?

Wie auch immer, eines Tages war ich an der Reihe, für die Krabbelgruppe bei mir zu Hause ein Treffen zu organisieren. Um dabei die Mission ‚Gute Mutter' hinreichend zu erfüllen, ließ ich auf meiner Dachterrasse einen großen Sandkasten bauen. Und dann saßen da also die acht Krabbelgruppenmütter um das Sandparadies, und acht Kleinkinder machten sich unmittelbar mit Inbrunst im Sand zu schaffen. Ich brauchte nur Bruchteile von Sekunden, um zu realisieren: Das war eine dumme Idee. Ich bereute das Sandkastenevent sofort, doch es war zu spät. Alles wäre vielleicht halb so schlimm gewesen, wenn die moderne kindliche Früherziehung bei der Persönlichkeitsentfaltung eine gesündere Balance zwischen Freiraum und Regelwerk aufweisen würde. Völlig losgelöst von jedweden Hemmungen jedoch genossen die Kinder mit Hingabe sämtliche aufgespürten Sand-Freiräume. Ein kleines Mädchen – Marie, die Tochter einer Psychologin – hatte hierbei einen ganz besonderen Entfaltungsdrang. Sie schmiss voller Lust und Leidenschaft mit dem Sand um sich, warf ihn überall hin, stieß die Tür zu meinem an die Terrasse angrenzenden Schlafzimmer auf, rannte hinein und verteilte auch hier großzügig üppige Sandladungen. Nach einem kurzen Augenblick der Schockstarre sprang ich auf, rannte ins Schlafzimmer, nahm mir Marie zur Brust, tadelte sie und erklärte ihr, dass mein Schlafzimmer kein Spielplatz sei und Sand im Bett nicht wirklich was Schönes. Ich schaute raus zu den anderen Müttern. Ich erwartete zustimmendes Nicken, doch alle starrten mich schweigend an. Nur Maries Mutter stürzte zu mir ins Schlafzimmer, und unmittelbar nach dem aufblitzenden Gedanken, dass wenigstens sie mir nun zur Seite spränge, machte sie mich wie eine Furie zur Sau – was mir denn einfiele, ihre Tochter in ihrer Kreativität zu behindern. Ich war sprachlos. Es war also normal, aus dem Gastgeber-Schlafzimmer eine Kreativwerkstatt für Kleinkinder zu machen. Noch Wochen, besser, noch Monate später hatte ich etwas von Maries Sandentfaltung, ausgiebig hatte sie sich ausgetobt und in allen Ritzen Erinnerungen hinterlassen.

Natürlich sind nicht alle Mütter wie Maries Mutter, und auch nicht alle Kinder sind wie Marie. Doch dieses Helikopterelternphänomen existiert immer häufiger und Grenzen oder Respekt sind für viele dieser so erzogenen Kinder heutzutage Fremdworte.

Eine betagte Dame aus dem Dunstkreis meines Heimatdorfes Nehden und meiner Elterngeneration stellt wieder eine andere Variation solcher Vollblutmütter dar. Auf den ersten Blick ist diese 88-Jährige der Inbegriff von Modernität und Frohsinn. Topfit, drahtig, immer gute Laune, aufgeschlossen und jedem wohlgesonnen, könnte man fast sagen: Diese alte Lady ist ein Vorbild durch und durch. Wenn da nicht ihr Sohn wäre, ein Mann in den mittleren Jahren, will sagen: ein sehr erwachsener Mann ... Und diesem erwachsenen Mann macht das fröhliche Muttchen zweimal in der Woche den Haushalt und kocht! Dem erwachsenen Sohn! Sie hat – nebenbei bemerkt – noch zwei Töchter. So edel ihr Handeln als solches ist, ich bezweifle sehr stark, dass so etwas der Kategorie ‚Gute Mutter' zugeordnet werden sollte. Und wenn man schon den Bezug zum Muttersein nimmt: Warum macht sie dies dann nicht auch für ihre Töchter?

Wenn ich meine Mutter darauf anspreche, findet auch sie nichts Unnormales daran. *Männer können das nicht so*, sagt sie dann. Hm, und ich dachte, *Männer können alles* ... Herbert Grönemeyer singt das zumindest. Aber was können sie denn nun wirklich? Und was nicht? Wenn ich dann weiter nachbohre im Gespräch mit meiner Mutter, lenkt sie zwar ein und sagt schließlich: *Kind, du hast ja recht*. Aber sie schiebt immer noch hinterher: *So macht man das eben*.

Ja, so machte man das eben. Wenn die Zeiten sich dann änderten, und das tun die Zeiten immer, dann waren es irgendwann andere Dinge, die ‚man so machte'. Und egal, welcher Zeit eine Mutter entstammt, dass man viel falsch machen kann bei der Erziehung eines Kindes, gilt immer. Natürlich habe auch ich mir immer wieder diese Fragen gestellt: Habe ich alles richtiggemacht? Habe ich meinen Sohn richtig erzogen?

Jede Mutter hat hier ihre eigene Geschichte und gibt vieles von dem weiter, was sie selbst erfahren hat. Genauso wie unsere Eltern vieles an uns weitergegeben haben, das sie selbst von ihren Eltern übernommen haben. Und alle Mütter stellen sich dieselben Fragen: Was ist richtig? Was ist falsch?

Ganz besonders Mütter, die eine Trennung hinter sich haben, werden unablässig von diesen Gedanken hin und her geworfen, was denn nun das Beste für ihre Kinder ist. Eine Trennung ist für ein Kind immer schwer, und sei sie noch so friedlich und behutsam von den Eltern vollzogen. Laurin war gerade sechs Jahre alt, als ich mich von Markus trennte. Mein kleiner Sohn hat mir in dieser Zeit unendlich leidgetan. Er war ein sehr sensibles Kind, und da man als Mutter ebenfalls ganz sensible Antennen für sein Kind hat, spürte ich natürlich all das, was er so tief wahrnahm. Trotz der Tatsache, dass er beide Eltern ja letztlich noch hatte, da wir uns sehr bemühten, eine gute Regelung zu finden, wo er auch seinen Vater noch sah, war es wahnsinnig schmerzhaft für mich zu sehen, wie er litt. Ich habe dann, und so etwas empfehle ich betroffenen Menschen unbedingt, die Hilfe des Bonner Kinderpsychologen Michael Winterhoff in Anspruch genommen, bei dem ich mich ausgesprochen gut aufgehoben gefühlt habe. Er hat mir damals sehr dabei geholfen, wie ich als alleinerziehende Mutter positiv auf meinen Sohn einwirken kann.

Und dann auf einmal war mein Kind erwachsen. Jetzt ist er 19 und natürlich frage ich mich heute: Welche Mutter war ich? Welche Prinzipien hatte ich? Wie sehr ist es mir gelungen, dass mein Kind keine Ängste von mir übernommen hat?

Mir war immer sehr wichtig, dass ich keine eigenen Ängste auf Laurin übertrage und zugleich habe ich immer versucht, meinen Sohn so zu erziehen, dass er sensibel für die Schicksale anderer Menschen ist und dass er früh Dankbarkeit lernt. So viele Gedanken habe ich mir gemacht. Auch darüber, dass Laurin ja nun mal der Sohn von zwei bekannten Menschen ist, was ebenfalls nicht wirklich einfach für ein Kind ist. Deshalb hatte ich auch die englische Schule für ihn ausgesucht. Mir war wichtig, dass er sich frei fühlen konnte im Schulalltag.

Ich habe das Gefühl, dass es heute in dieser reizüberfluteten und digitalen Welt auch gar nicht mehr so einfach ist, ein Kind zu erziehen und Regeln und Prinzipien zu vermitteln. Täglich müssen Mütter gute Antworten parat haben, wenn ihre Kinder mit ihren ‚Der-hat-aber-Sprüchen' kommen. *Der hat aber auch ein Handy. Der hat aber auch ein Nintendo. Der wird aber immer abgeholt. Ja, bei Papa darf ich das aber ...* Erziehung ist anstrengend und viele wollen sich einfach diese Mühe nicht mehr geben. Ich habe mich bemüht, meinem Sohn beizubringen, selbst zu denken und eigenständig zu werden. Auf keinen Fall wollte ich ihn überbehüten, sondern es war mir wichtig, auch von ihm einzufordern und ihn zur Selbständigkeit zu erziehen.

Schon damals war ich für meinen Werbepartner ADLER aktiv und habe Laurin ab und zu zwei bis drei Tage alleine zu Hause gelassen. Wir sind dann vorher zusammen einige kleine Alltagsroutinen durchgegangen, wir haben gemeinsam Regeln besprochen. Er hatte nun die Verantwortung, dass all das funktionierte, er musste unsere Hündin Divina versorgen, mit ihr Gassi gehen und ein paar kleine Hausarbeiten erledigen. Er hat sich dann Nudeln gekocht und alles prima hingekriegt. Natürlich habe ich auch dafür gesorgt, dass immer mal jemand nach ihm schaute oder ansprechbar für ihn war. Rückblickend betrachtet hat ihm das richtig gutgetan. Selbstbewusstsein und auch Selbstvertrauen können kaum besser gestärkt und entwickelt werden, als durch das Übertragen von Verantwortung und vor allem auch den Vertrauensbeweis der Eltern, dass das Kind der Sache bestimmt gewachsen ist und die Aufgaben hinbekommt. Wird ein Kind hingegen überbehütet und wie ein rohes Ei behandelt, erzeugt dies Unsicherheit und mangelndes Zutrauen in die eigenen Fähigkeiten und Kräfte. So etwas finde ich ganz traurig.

Chancengleichheit und eine gute Zukunft für Kinder gehören zu meinen ganz besonderen Herzensangelegenheiten, weshalb ich mich in diesem Bereich engagiere, wo ich nur kann, zum Beispiel als Botschafterin für die *RTL-Kinderhäuser* oder das Kinderhilfswerk *Die Arche e.V.* Dort lerne ich immer wieder Kinder kennen, die sehr intelligent und aufmerksam sind, aber leider gar nicht die Möglichkeit haben, sich zu entfalten. Kleine Mädchen aus Migrantenfamilien, die auf ihre Geschwister aufpassen müssen und manchmal in der Schule fehlen, weil die Eltern zu Hause andere Prioritäten haben als den Schulunterricht des Mädchens. Diese Zwei-Klassen-Gesellschaft macht mich sehr traurig. In unserem Land muss und kann jedes Kind die gleiche Chance bekommen. Doch Wunsch und Realität fallen hier weit auseinander. Geld und Bildung der Eltern lassen viele Kinder auf der Strecke. Das darf in einem so reichen Land eigentlich gar nicht sein.

Auch die Kindergeldregelung finde ich sehr fragwürdig. Warum kriegen reiche Leute Kindergeld? Ab einem bestimmten Einkommen können Menschen doch wirklich auf das Kindergeld verzichten. Dieses Geld könnte man in die Schulen investieren, die oft in einem schlimmen Zustand und schlecht ausgestattet sind. Man könnte Computer anschaffen, Sozialarbeiter einstellen, auf die Qualität der Lehrer achten, gerade in Brennpunktschulen. Doch wir tun nichts, wir lassen diese Kinder im Stich und ihr Potenzial ungenutzt. Jedes Kind braucht Unterstützung. Wenn es die zu Hause nicht bekommt, muss sie woanders bereitgestellt werden. Es ist erwiesen, dass Kinder, die täglich eine halbe Stunde mit einer Bezugsperson verbringen, die sich intensiv mit dem Kind beschäftigt, einen guten Weg einschlagen. Im RTL-Kinderhaus war ein kleines Mädchen vor ein paar Jahren, die mit der Hilfe von Mitarbeitern und der Leiterin des Kinderhauses das Abitur geschafft hat. Doch es gibt noch so viel andere Kinder, die wir einfach hintenüberfallen lassen. Und so werden Kinder aus Hartz-IV-Familien selbst wieder zu Hartz-IV-Empfängern. Das ist doch alles ganz traurig. Dann denke ich immer, diese Kinder sind genauso aufgeweckt und schlau wie mein Sohn. Meinem Sohn konnte ich alles ermöglichen. Wenn der mal schwach in irgendeinem Fach war, dann gab es halt Nachhilfe. Er konnte Instrumente lernen, wenn er wollte. Er konnte Sport machen, wurde gut ernährt. Und diese Dinge bekommen so viele Kinder nicht.

Dann gibt es natürlich auch die wohlstandsverwahrlosten Kinder, und da wir ja in der Tat in einem enormen Wohlstand leben, gibt es sehr viele dieser Kinder. Viele Kinder haben einfach alles. Sie müssen um nichts mehr kämpfen und bekommen jeden Kieselstein aus dem Weg geräumt. Es wird da auch nichts gefordert. Ich kenne viele solcher Kinder, die beim kleinsten Gegenwind umkippen, weil sie keinerlei Frustrationstoleranz haben. Sie kennen keine klaren Regeln und kein Nein ihrer Eltern. Sie bekommen Geld, anstatt Aufmerksamkeit, und werden schon als Kleinkinder vor Handys und iPads geparkt, damit die Eltern ihre Ruhe haben. Das ist genauso schlimm. Diese Kinder sind innerlich leer. Viele bekommen Depressionen, ritzen sich, nehmen Drogen. Viele Eltern sind keine Leuchttürme mehr, sie sind Gummiwände.

Am besten für die Entwicklung aller Kinder ist eine sogenannte gesunde Vernachlässigung, wie wir sie damals in unserer Kindheit noch erlebt haben. Wir wurden nicht maßlos verwöhnt, uns wurden Grenzen gesetzt, wir hatten zu Hause auch mal mit anzupacken, bekamen aber auch Fürsorge und konnten uns im freien Spiel entfalten.

Auch schlimm ist es, wenn Eltern ihre eigenen Vorstellungen in ihre Kinder projizieren und sie in Wege und Formen pressen, die nicht den Wünschen und Vorlieben des Kindes entsprechen, sondern ihren eigenen Vorstellungen. Meistens wollen diese Eltern unerfüllte eigene Dinge, die sie selbst gerne gemacht hätten, über ihre Kinder realisieren. Oder wenn Eltern darauf drängen, dass ein Kind eine bestimmte Berufsausbildung oder ein Studium absolviert, das sie selbst für ihr Kind wünschen, obwohl ihr Kind eine ganz andere Sehnsucht für seine berufliche Zukunft hat. So etwas kann großen Schaden anrichten. In weniger gravierendem Ausmaß habe ich selbst auch Unfug gemacht, wenn ich mir früher bei meinem Sohn wünschte, dass er mehr Wert auf Äußerlichkeiten legte. Zum Glück habe ich ihn nie zu etwas gezwungen, doch die Vorstellung, wie schön zum Beispiel dieses oder jenes lässige Kleidungsstück doch an ihm aussähe, weil ich einfach ein Faible für coole Klamotten habe – sowas habe ich zuweilen gewünscht und auf ihn projiziert. Bei solchen Wünschen und Vorstellungen geht es letztlich natürlich gar nicht um das Kind, sondern um das eigene gute Gefühl, wenn das Kind diesem Wunsch nachkommt. Heute kann ich ihn nicht nur sein lassen, wie er ist – ich bin sogar wahnsinnig stolz auf ihn, gerade weil er seinen eigenen Weg geht, sich nicht von Äußerlichkeiten blenden lässt und zielstrebig sein Studium in England verfolgt. Ziemlich sicher verdreht Laurin die Augen und findet mich peinlich oder übertrieben, wenn er das jetzt liest: Ja, ich bin auch stolz, dass er ein total hübscher Junge ist. Oder er frotzelt und sagt, Mütter seien völlig verblendet und fänden ihre Kinder immer schön. Mag sein, dass das stimmt. Doch ich behaupte trotzdem eisern: Es stimmt, dass ich einen attraktiven Jungen habe! Und noch was gebe ich zu: Manchmal wünsche ich mir, ich könnte ihn mit auf den roten

Teppich nehmen und ihn voller Mutterstolz der Welt zeigen. Natürlich bin ich schlussendlich froh, dass ich das nie gemacht habe und ihn immer selbst darüber entscheiden ließ. Kinder von anderen Prominenten finden das vielleicht toll, aber ich glaube, sie können das noch gar nicht beurteilen. Später kommt dann die Quittung. Bei Laurin war es die richtige Entscheidung, ihn aus der Öffentlichkeit herauszuhalten. Er hat zwei prominente Eltern und will selbst nicht prominent sein. Er möge mir verzeihen, dass ich trotzdem manchmal diese Roter-Teppich-Gedanken in meinem Kopf habe. Es bedeutet nicht, dass ich mir etwas einbilde auf mein Kind. Es ist meine Freude über das Glück, das ich habe. Es ist Ausdruck meiner Dankbarkeit und natürlich auch eine Art von Stolz – jedoch eine Art von Stolz, die man getrost zeigen kann. Und meine Natur ist nun mal, dass ich die Verbindung zum Außen suche, den Kontakt zu anderen Menschen und gerne Glück und Gedanken teile. Das war schon immer so.

Und nicht zuletzt gibt es natürlich auch noch diejenigen Eltern, die ihre Kinder nicht loslassen können, wenn es an der Zeit ist. Es gibt so viele erwachsene Kinder, die noch zu Hause bei ihren Eltern wohnen. Besonders Mütter machen hier viel falsch, weil sie einfach nicht loslassen können. Ein schönes Sprichwort, über dessen Urheberschaft in der Zitatforschung gestritten wird, dessen Inhalt aber dafür umso wahrer ist, lautet: *Wenn Kinder klein sind, gib ihnen Wurzeln, wenn sie groß sind, gib ihnen Flügel*. Kinder müssen irgendwann das Nest verlassen. Dies geht nur, wenn sie starke Flügel haben. Und auch nur mit starken Flügeln können sie von Zeit zu Zeit zurückkommen. Natürlich gibt es auch schöne Großfamilien, in denen mehrere Generationen nahe beieinander wohnen und Kinder in der Nähe ihrer Eltern und anderen Familienmitglieder bleiben. Ein solcher Lebensentwurf kann auch sehr schön und erfüllend für alle sein. Zu meiner Kindheit auf dem Dorf war dies ja ohnehin üblich, dass Familien eng zusammenblieben. Wichtig finde ich bei solchen Lebensentwürfen in unserer Kultur, dass sie einerseits von allen von Herzen gewünscht sind und dass andererseits jedes Familienmitglied beziehungsweise jede einzelne Familie eines solchen Verbundes ihr eigenes abgeschlossenes Heim mit Privatsphäre und Rückzug hat. Denn jeder Mensch benötigt einen privaten Raum, der nur ihm allein gehört.

Frauen im Job

Du bist, was du bist, durch das, woran du glaubst.
OPRAH WINFREY

Neben diesem großen Reichtum des Mutterseins für mein Leben und meine eigene Entwicklung bekam ich natürlich auch Tuchfühlung mit den nicht immer leichten Herausforderungen in dieser Rolle. Allen voran die Herausforderungen der alleinerziehenden berufstätigen Mütter. Zu denen gehörte auch ich, als Laurin sechs Jahre alt war. Ich hatte das ganz große Glück, dass ich in der Lage war, ein Kindermädchen und Hilfe im Haushalt zu bezahlen. Doch selbst mit all der wertvollen Hilfe, über die ich mich glücklich schätzen konnte, machte ich die tiefe Erfahrung, dass es immer noch eine riesengroße Aufgabe war, ein Kind großzuziehen. Und ich dachte mir: Was für eine Situation für Frauen, die alles alleine stemmen müssen! Die niemanden haben, der das kranke Kind aus der Kita abholt, wenn der Chef noch ein paar wichtige Aufgaben erledigt haben will. Die niemanden haben, der im Haushalt unterstützt, weil man eben nicht alles gleichzeitig erledigen kann. Oder der da ist, wenn man selbst einmal krank ist. Die nie Pause haben, weil sie täglich das Aufgabenpensum eines ganzen Teams alleine erledigen müssen. Von dem Tag an, da ich selbst Mutter war, fragte ich mich all dies immer wieder und dachte nur: Chapeau! – äußerste Hochachtung vor allen Müttern, doch besonders vor denen, die ihre Kinder ganz alleine in die Erwachsenenwelt begleiten! Sie sind meine wahren Heldinnen! Die Mütter sind es, die schließlich die maßgebliche Verantwortung und Sorge für die Heranbildung gelungener Lebensentwürfe nächster Generationen übernehmen.

Natürlich kann ich gut verstehen, wenn Mütter ihre enorme Mehrfachbelastung so gut es eben geht reduzieren. Viele Frauen machen diese Abstriche leider bei ihrer Berufstätigkeit. Doch ich rate allen Müttern ganz eindringlich: Gebt nicht euren Job auf!

Von den rund 8 Millionen Familien mit minderjährigen Kindern in Deutschland, sind knapp 20 Prozent alleinerziehende Mütter oder Väter, also ungefähr 1,6 Millionen. In neun von zehn Fällen ist der alleinerziehende Elternteil die Mutter. So wie auch ich, als ich mich von Markus Lanz trennte. Und plötzlich war sie da, diese Doppelrolle der alleinerziehenden und berufstätigen Mutter. Für Markus änderte sich eigentlich nicht viel. Oder besser: Er gewann an Freiheit und konnte ganz selbstverständlich seine Karriere weiterverfolgen. So wie auch bei fast allen anderen Paaren, die sich trennen, das Leben des Mannes weitergeht wie zuvor. Denn den Hauptteil der Aufgaben und Verantwortung übernimmt immer noch die Frau.

Ich hätte mich sicher schon früher getrennt, wenn nicht ständig diese Tatsache in meinem Kopf umhergegeistert wäre, dass die Trennung der Eltern immer eine schmerzhafte Erfahrung für ein Kind ist. Und bestimmt wäre es gar nicht falsch gewesen, schon viel früher die Reißleine zu ziehen. Denn Kinder haben sowieso sehr feine Antennen für die Beziehungsqualität ihrer Eltern und leiden unter der Situation. Deshalb ist eine zeitige Trennung letztlich heilsam, sie schafft langfristig eine sichere Umwelt, mehr Stabilität und Selbstvertrauen für das Kind.

Zum Zeitpunkt der Trennung war ich schon fest verankert im Fernsehgeschäft, moderierte EXTRA und diverse andere Sendungen und konnte es mir leisten, meine reiseintensive Sendung *Life! Die Lust zu leben* aufzugeben, damit ich mehr bei meinem Sohn sein konnte. Ich war erfolgreich, hatte genug Geld und konnte mir dementsprechend ein gutes Unterstützungsnetzwerk organisieren. Und da es selbst mit Unterstützung immer noch eine Herausforderung war, begann ich mich zu fragen, wie Frauen das alles machen, die wenig Geld haben. Denn es ist eine traurige Tatsache: Die meisten alleinerziehenden Frauen in Deutschland sind oft in einer schwierigen Situation. Ein Drittel der Alleinerziehenden ist von Armut bedroht. Knapp zwei Drittel haben keine 1.000 Euro für unerwartete Ausgaben übrig. Den Lebensunterhalt zu erwirtschaften, ist für die meisten dieser Frauen kein Kinderspiel, denn in der Regel werden sie mit großen Schwierigkeiten konfrontiert, sich auf dem Arbeitsmarkt zu positionieren.

Die Vereinbarkeit von Familie und Beruf ist vor allem für Alleinerziehende eine enorme Herausforderung. Sie müssen Alltag und Haushalt, Kindererziehung und Beruf allein organisieren. Doch es sind nicht nur die Alleinerziehenden, die irgendwie mit diesen Überbelastungen zurechtkommen müssen. In Deutschland sind mittlerweile 70 Prozent der Frauen erwerbstätig. Dies ist zunächst einmal eine gute Nachricht. Die schlechte Nachricht: Hausarbeit und Kindererziehung sind natürlich gleich geblieben, bleiben aber zum größten Teil immer noch an den Frauen hängen, auch wenn sie einen Ehemann oder Partner haben. Arbeitende Mütter haben eine Doppelbelastung, die zur Falle werden kann: Sie leiten nicht nur ehrenamtlich ihr kleines sogenanntes Familienunternehmen. Meist arbeiten sie aufgrund ihres zeitintensiven Ehrenamts zudem in Teilzeit, was einerseits häufig Aufstiegschancen verbaut und für die Rentenkasse nicht wirklich was bringt. Dies könnte sich rächen: Kommt es zu einer Trennung, dann winkt die Altersarmut.

Trotz der ganzen Hilfe, die ich bekam, kenne auch ich Situationen, in denen ich mich am Rande eines Nervenzusammenbruchs fühlte. Denn es ist ja doch irgendwie in uns Frauen verankert: das weibliche Perfektionsgen. Natürlich habe auch ich versucht, alles richtig und es allen recht zu machen. Und genauso klar ist, dass mir das meistens nicht gelang. Letztlich logisch, denn man bekommt ja nicht zur Geburt seines Kindes ein nett gewickeltes Päckchen mit einem Zuschlag an Lebenszeit für die zusätzlichen Aufgaben.

Und dennoch meinen wir Frauen immer wieder, es einfach alles schaffen zu müssen. Und so war klar: Ich wollte die perfekte Fernsehmoderatorin sein, die perfekte Mutter, die perfekte Tochter, die perfekte Freundin. Und ich hatte immer das Gefühl, ich war nie gut genug in dieser Challenge, in nichts. Ich gehörte phasenweise definitiv zu jenen Weltmeisterinnen im Hetzen und Schuldigfühlen. Was machte Laurin gerade in der Kita? Ging es ihm gut dort und war er glücklich? Schaffte ich es rechtzeitig zu seinem Sommerfest? Verdammt, wir müssen los, wo ist der zweite Socken? Mist, jetzt habe ich die Brotdose liegenlassen. Oh je, ich habe es gar nicht mehr geschafft, das neue Buch mit ihm zu lesen ... Bauchschmerzen? Oh, bitte Laurin, jetzt nicht krank werden ... Diese und viele ähnliche Gedanken schwirrten mir ständig durch den Kopf. Es ist einfach sonnenklar: Man kann nicht mehr in den Tag hineinstopfen, als reinpasst. Dennoch ist es scheinbar etwas ‚Frauenspezifisches', es trotzdem immer wieder zu versuchen – und das dann auch noch perfekt. Ich habe mich hier oft ganz unnötig verrückt gemacht, denn ich hatte das Privileg, für alles immer gute Unterstützung zu haben. Es ist einfach drin in uns Frauen, dieses Perfektionsdenken.

Dabei ist für Mütter, und erst recht für alleinerziehende und berufstätige Mütter, Gelassenheit ohne Frage die bessere Haltung. Wir müssen die eigenen Ansprüche herunterschrauben, wenn wir nicht am Alltag verzweifeln wollen. Auch Superwoman wäre nicht in der Lage, eine blitzblanke Wohnung, stets nur die besten und täglich frisch gekauften Biolebensmittel und selbstgekochten Mahlzeiten auf dem Tisch zu haben, derweil sie in ihrem Job brilliert, eine immer ausgeglichene Mutter und Partnerin ist, die sich natürlich ebenso um ihre sonstige Familie und Freunde kümmert und logischerweise top aussieht! Wir Frauen müssen lernen, dass es ok ist, auch mal eine Tiefkühlpizza zu kredenzen und sich in einer Wohnung wohlzufühlen, die nicht immer nach ‚Schöner Wohnen' aussieht, und auch ein ‚Bad Hair Day' wird uns nicht töten!

Einen Anteil an dieser Situation hat sicherlich auch unser ausgeprägtes weibliches Fürsorge-Gen, das eigentlich etwas sehr Schönes ist, wenn es uns nicht gerade in solche Teufelskreise bringen würde. Diese genetische innere Ausstattung und auch Prägungen der Vergangenheit, wo unsere eigenen Mütter ja alle immer zu Hause waren und als feste Konstante unsere heile Welt und unser Nest bereitet haben, beeinflussen uns heute noch zweifellos sehr. Auch die Fernsehwerbung triggert immer noch auf subtile Weise unser Fürsorge-Gen und zeigt uns, dass wir uns in der Hausfrauenrolle ja doch recht gut machen. Sei es die junge Mutter, die ihren Standard-Junge-Mädchen-Nachwuchs im sonnendurchfluteten Wohnzimmer auf dem Sofa mit Kinderschokolade füttert, eine andere Mutter, deren glücklicher Blick auf ihrem Kinde ruht, das sich am Waschbecken mit dem Sagrotan-Kids-Seifenspender die Marmelade von den Fingern wäscht, die weibliche Heilewelt-Stimme der Pizzawerbung von Dr. Oetker oder schlussendlich die Wick-VapoRub-Mutter, die erst ihren vom Männerschnupfen dahingerafften Gatten und dann ihr Söhnchen mit dem rettenden Mentholbalsam versorgt – die weibliche Fürsorge ist eine ewige Kraft. Genauso wie die männliche Macherkraft hinter dem Steuer eines manchen Autos grenzenlos ist. Toyota, Mazda oder Nissan – hier fahren ganze Männer ihre Familien in schnittigen Autos über Deutschlands Straßen.

Ganz gleich, was diese Werbung da nun wirklich im Schilde führt. Wir Frauen sind stets getrieben, diese Geborgenheit unseren eigenen Kindern ebenfalls in Gänze zu geben. Unser Dilemma dabei: Wir können und wollen uns außerhalb des Familienlebens heute auch vollständig selbst entfalten, wir wollen und müssen unabhängig sein und Selbstfürsorge betreiben, damit wir im Alter nicht in Armut absinken.

Da es nie passieren wird, dass wir für unsere Doppelrolle auch die doppelte Menge Zeit zur Verfügung haben werden, es jedoch unerlässlich ist, dass wir frei, unabhängig und finanziell abgesichert sind, sollte unsere volle Erwerbstätigkeit oberste Priorität haben. Ich bin überzeugt, dass dies der bestmögliche Weg aus dem Dilemma ist. Denn eine gute volle Erwerbstätigkeit bringt uns in die Lage, Unterstützung im Haushalt zu finanzieren und auch den Rückhalt einer Kinderbetreuung zu ermöglichen, wenn der

Job uns einmal länger bindet und wir den Kita-Schluss zeitlich nicht mehr packen. Wir müssen uns freimachen von dem Gedanken, dass es die Menge der mit unseren Kindern verbrachten Zeit ist, die unsere gute Beziehung zu unseren Kindern ausmacht. Es ist nicht die Menge. Es ist die Qualität der verbrachten Zeit. Was hat ein Kind von einer durch Hausarbeit und Teilzeit kontinuierlich völlig erschöpften Mutter? Ist da nicht der Gedanke verlockender, von einem freudebringenden und erfüllenden Job heimzukommen und dann noch ein paar Gute-Laune-Stunden und ein schönes persönliches Abendritual mit seinen Kindern zu verbringen? Und all dies tatsächlich in einem sauberen und aufgeräumten Haus, weil wir hier ja klug sind und uns Unterstützung in Form einer Haushaltshilfe gönnen. Das Schöne auch: Diese Hausarbeit erfährt ebenfalls endlich Wertschätzung, da wir unsere Hilfe angemessen dafür bezahlen. Welches Konzept kann besser sein?

Frauen, die sich für dieses Lebenskonzept entscheiden und in einer Partnerschaft leben, sollten aber trotzdem eines nicht vergessen: Jobsharing im Haushalt und bei der Kindererziehung! Der Ehemann oder Partner, so es ihn gibt, wird zum gleichberechtigten Teilhaber des Familienunternehmens erklärt. Klare Absprachen sind hier ein Muss, nach denen sich der neue Teilhaber dazu verpflichtet, selbstständig zu arbeiten, Verantwortung zu übernehmen und mitzudenken und nicht nur Befehle entgegenzunehmen. Eine Einarbeitungszeit sei ihm gegönnt, aber dann muss das Ding laufen!

Was Alleinerziehende zwischendurch verständlicherweise auch sehr belastet, ist die Tatsache, dass sie – eben weil sie allein sind – auch fast alle Entscheidungen alleine treffen müssen. Natürlich ist es immer von Vorteil und auch einfacher, die Verantwortung zu zweit zu tragen und Dinge miteinander zu besprechen. Hier waren meine Freundinnen unglaublich wichtig. Ich konnte mich, wenn notwendig, mit ihnen beraten. Ich empfehle alleinerziehenden Frauen, die Verbindungen zu ihren Freundinnen sorgfältig zu pflegen und ruhig um Hilfe zu bitten und um Rat zu fragen. Gegenseitige Unterstützung stärkt beide Seiten.

Natürlich wäre es auch schön, wenn von staatlicher Seite wirkungsvoller und sinnvoller agiert würde. Was ist dies für ein Land, wo es immer noch an einer flächendeckenden Kinderbetreuung fehlt und viele der Kindergärten und Schulen nicht ganztags laufen? Auch wenn es schon viel besser geworden ist, im Vergleich zu unseren Nachbarn Frankreich oder Belgien zum Beispiel steckt Deutschland bei diesen Aufgaben absolut in den Kinderschuhen.

Die Kinderbetreuung in Deutschland muss einfach verlässlicher werden. Alleinerziehende sind oft gezwungen, nur halbtags zu arbeiten, um ihre Kinder rechtzeitig von der Betreuung abholen zu können, oder müssen sich irgendwie selbst ein System aufbauen, das sie unterstützt. Es ist schon beschämend, dass ein so reiches Land wie Deutschland lediglich 4,2 Prozent des Bruttoinlandsprodukts für Bildung ausgibt und damit sowohl unter dem Schnitt der OECD- als auch der EU-Länder liegt.

Selbst wenn die Frauen ganztags arbeiten, machen die starken Gehaltsunterschiede, die es immer noch zwischen Männern und Frauen gibt, die Sache für Frauen nicht einfach. Eine größere Transparenz kann helfen. Die Bundesregierung hat vor zwei Jahren das Entgelttransparenzgesetz verabschiedet, um diese Gehaltslücke zwischen Frauen und Männern zu schließen. Allerdings gilt dieses Gesetz nur für Betriebe ab 200 Angestellten und wird leider bislang noch nicht richtig umgesetzt.

Sprachlos sollte auch die Tatsache machen, dass Frauen in Deutschland 53 Prozent weniger Rente bekommen als Männer. Als Dank dafür, dass sie sich vermehrt um die Kinder gekümmert haben. Die Regelung der Rentenansprüche muss dringend überdacht werden.

Auch das Unterhaltsrecht hat sich verändert und die Gefahr bleibt, dass Frauen, die nicht selbst verdienen, im Falle einer Trennung ihre Existenz riskieren. Ich kann allen Frauen, die für ihre Kinder weniger oder eine Zeit lang gar nicht arbeiten wollen, nur raten, unbedingt einen Ehevertrag abzuschließen. Darin muss klar geregelt sein, dass die Frau sich hauptsächlich um die Kinder kümmert und der Mann sich verpflichtet, diese Tätigkeit durch einen entsprechenden Unterhalt im Falle einer Trennung auszugleichen. Zudem sollten Frauen immer auf eine ausreichende Altersvorsorge achten. Auch auf Teilzeit runterzufahren kann Probleme schaffen, weil die Frau dann weniger Rentenansprüche hat. Das alles gilt es zu bedenken. Fragwürdig ist schließlich auch das Ehegattensplitting. Ich bin der Meinung: Es gehört endlich abgeschafft. Es zementiert Ungerechtigkeiten zwischen Männern und Frauen auf dem Arbeitsmarkt und degradiert Frauen zu zweitrangigen Hinzuverdienerinnen.

Wir haben momentan fast Vollbeschäftigung in Deutschland und in vielen Bereichen werden händeringend Menschen gesucht. Eigentlich eine gute Situation auch für Frauen, die wieder in den Beruf zurück möchten. Dank der Millennials und der Generation Z verändert sich unsere Arbeitswelt in vielerlei Hinsicht, wovon bestimmt auch alleinerziehende Frauen profitieren können. Früher war es eher so, dass Menschen sich ans Unternehmen anpassen mussten, was Frauen mit Kindern außen vor hielt. Familienunfreundliche Arbeitszeiten und -strukturen waren die Regel. Die jüngere Generation aber hat heute andere Anforderungen an ihren Job – und auch an den Führungsstil im Unternehmen. Ein Arbeitsplatz mit viel Flexibilität und flachen Hierarchien spielt eine immer größere Rolle. Und altersgemischte Teams werden auch populärer. Es ist noch ein langer Weg, aber ich meine, wir gehen schon in die richtige Richtung. Auch gibt es dank des Internets viele Frauen-Netzwerke und Selbsthilfegruppen für Alleinerziehende, die man aktivieren sollte. Frauen müssen lernen, Hilfe zu suchen und anzunehmen.

Es bleibt dabei: Die beste ökonomische Absicherung ist es, selbst Vollzeit zu arbeiten und genügend eigenes Geld zu verdienen. Frauen können sich gegen Armut schützen, wenn sie sich rechtzeitig darum kümmern.

Frauen als Partnerin

Du bist komplett, ohne jemand anderen. Du bist nicht Teil.
Du bist ein vollständiges Meisterwerk. Du ganz allein!

UNBEKANNT

Frauen und all ihre Hüte – unter diesem großen Dach sind wir immer noch unterwegs durch die zahlreichen weiblichen Welten, die Frauen durchwandern. Der Spaziergang geht weiter durch den Garten der Partnerschaft. Zunächst einmal: Frauen des älteren Semesters haben es oft gar nicht so leicht mit der Partnersuche. Denn auch wenn ich immer wieder – und auch weiterhin – mit Nachdruck empfehle: *Meine Damen, sucht nach einem jüngeren Prinzen an eurer Seite*, so ist die Prinzenschar überwiegend genauso gestrickt: Das reife Mannesauge sucht in der Damenwelt ebenfalls bevorzugt nach jüngeren Exemplaren. Also quasi ein Wettbewerb beider Geschlechter um das jeweils knusprigste Gegenstück? Ja, ganz von der Hand zu weisen ist dies nicht.

Die attraktive Mutter einer Freundin, die mit 60 ihren Mann verlor und danach nie wieder einen Partner gefunden hat, sagte einmal: *Männer nehmen sich gerne eine jüngere Frau, weil sie denken, das Alter würde auf sie abfärben, falls sie sich mit einer Gleichaltrigen zusammentun.* Eine weitere traurige Erfahrung für sie war, dass sie als Single-Frau fortan ausgeschlossen wurde im Bekanntenkreis, wenn es Feiern oder sonstige Treffen gab. Denn die anderen Frauen gerieten in Sorge, sie könne ihnen nun die Männer wegschnappen. Schade, wie in diesem Fall sichtbar wird, dass Frauen oft gegeneinander arbeiten, anstatt sich zu unterstützen und starke freundschaftliche Seilschaften zu bilden.

Nun, es stimmt also und ist statistisch wohl auch erwiesen, dass viele Männer nach jüngeren Frauen Ausschau halten. Natürlich bin auch ich mit diesen

Exemplaren in Berührung gekommen. In meiner langen Singlezeit war ich einmal verliebt in einen Mann, der in meinem Alter war. Einige Male trafen wir uns, bevor er still aus meinem Leben verschwand und nur kurze Zeit später eine Jüngere heiratete. Auch in meinem Bekanntenkreis gibt es viele Frauen ab 50, die einfach keinen Mann mehr finden. Einige versuchen es im Internet über Partnervermittlungen wie *ElitePartner, eDarling, Parship* oder ein anderes Forum, es gibt unzählige. Eine 50-jährige Freundin, die schon lange auf einer solchen Plattform nach einem Partner sucht, erzählte mir, dass es häufig nach ihrem Erstkontakt nicht einmal zum Austausch mit den jeweiligen Männern kommt, weil sie direkt nach ihrer Anfrage weggedrückt wird. Sie startete dann das Experiment und veränderte ihr Profil, indem sie ihr Alter 10 Jahre zurückschraubte. Und auf einmal klappte der Austausch. Natürlich wollte sie ihre wirkliche Suche auf dieser Grundlage nicht fortführen und korrigierte irgendwann wieder ihr Profil. Doch immerhin war es ein aufschlussreiches Experiment.

Interessante Studien kann man auch betreiben, wenn man die Personenprofile mancher Parship-Greise mal genauer anschaut. Vor allem die Rubrik *Altersspanne* der gesuchten Zielgruppe. Da steht dann erschreckend häufig etwa *von 25 bis 40* oder Ähnliches, damit sich ‚Schabracken' ab 50 gar nicht erst bemühen. Hauptsache jung und knusprig – von einem knackigen Dummchen angehimmelt zu werden, übt auf die Männerwelt offensichtlich einen größeren Reiz aus, als eine tolle Frau an der Seite, mit der sie diskutieren und sich gemeinsam entwickeln kann.

Und so findet ein 80-jähriger Scheintoter ohne weiteres noch eine 60-Jährige, aber eine 60-jährige attraktive Frau findet nicht so leicht einen 40-Jährigen. Als ganz besonderer Tummelplatz seltsamer Paare erwies sich das Kreuzfahrtschiff während meiner Reise mit Frank kurz nach meinem Abschied von RTL. Ich staunte nicht schlecht über die Anzahl älterer Männer, die da mit ihren ganz jungen Frauen auf dem Schiff waren – waren das jetzt Zuhälter, die ihre Amüsierdamen auf dem Schiff auslüften wollten, oder echte Partnerschaften? Einer war dabei, um die 60, der hatte eine ganz junge Frau, bildhübsch und noch in den Zwanzigern, allerhöchstens 27. Sie stand immer nur stumm neben ihm – er sah aus wie ein ungemachtes Bett – und sie sagte kein Wort. Wieder ein anderer Greis, total geliftet und mit gefärbten Haaren, wirkte vollkommen lächerlich mit seiner blutjungen Asiatin. Und da frage ich mich dann: Was ist hier los? Was haben die Männer in ihrem Kopf? Denken sie tatsächlich, diese Frauen lieben sie? Klar ist sowas wieder Futter für mein Kopfkino, wenn diese Paare sich am späten Abend wieder in ihre luxuriösen Riesensuiten zurückziehen und Opi vorm Zubettgehen noch rasch seine Betablocker, Lipidsenker und Viagra einwirft. Wenn das mal bloß kein Fall für den Schiffsarzt wird ...

Natürlich gibt es auch Liebe zwischen einem älteren Mann und einer jüngeren Frau. Doch das hier waren alles eindeutige Fälle, wo Macht, Status und Geld gegen Jugend und Sex getauscht werden. Warum sonst könnte sich eine junge hübsche Frau an so einen alten Knacker verschwenden?

Trotzdem sage ich: Es gibt auch noch Männer, die sich eine Frau auf Augenhöhe wünschen. In meinen Augen sind dies die wirklich selbstbewussten Männer, die es nicht nötig haben, sich anhimmeln zu lassen. Männer, die kein Püppchen wollen, dem sie die Welt erklären können, sondern eine richtige Partnerin, mit der sie die Welt erforschen. Meine eigene Geschichte mit Frank ist Beweis genug, welche Wunder passieren können. Die allererste Tür zu solchen Wundern müssen Frauen jedoch selbst öffnen. Es ist die Tür der Offenheit und Neugier. Gerade ältere Frauen resignieren leider zu schnell und reden sich ein, der Zug sei sowieso abgefahren für eine neue Partnerschaft. Dieses Denkmuster ist fatal und führt unweigerlich dazu, dass sie recht behalten werden. Ein schönes Buddha-Sprichwort lautet: *Was du sagst, bist du. Was du bist, strahlst du aus. Was du ausstrahlst, ziehst du an.* Nichts zeigt besser, welche Kraft unsere Gedanken und Worte haben.

Zu der so wichtigen Offenheit und Neugier gehört auch eine absolute Unvoreingenommenheit, die besonders älteren Frauen – generell älteren

Menschen – oftmals schwerfällt. Es gibt in meinem Bekanntenkreis eine wunderschöne Frau, 65 ist sie jetzt, doch fantastisch sieht sie wirklich immer noch aus. Viele Jahre ist sie schon Single. Neulich erzählte sie mir von einem netten Mann, den sie direkt in ihrer Straße kennenlernte. Er würde mit ihr flirten, und morgens seien immer Zettel mit ein paar lieben Worten an ihrem Auto. *Toll!*, dachte ich begeistert und ermunterte sie, ihn unbedingt einmal kennenzulernen. *Nee ...*, winkte sie jedoch ab und signalisierte, dass ihr das alles irgendwie zu viel sei. Er blieb zunächst am Ball und warb um sie. Sie flirteten weiter. Dann lud er sie zum Essen ein. Sie überlegte und überlegte. Und er schrieb und schrieb. Dann lehnte sie seine Einladung ab. Sie begründete es damit, er habe zu viel geschrieben. Hm, dachte ich. Hätte er weniger geschrieben, wäre es vermutlich auch nicht richtig gewesen, dann hätte sie wahrscheinlich gesagt: *Er schreibt mir ja gar nicht, er gibt sich gar keine Mühe.* Manche Frauen suchen geradezu das Haar in der Suppe. Schade ist das.

Früher habe ich solche Fehler auch gemacht, habe nach Äußerlichkeiten geschaut und mich von vollkommen albernen Kleinigkeiten beeinflussen lassen. Da wären Frank und ich gleich an seinem Dialekt gescheitert. Wie bescheuert ist das! Was für einen ausgewachsenen Knall hatte ich früher? Wie froh und dankbar bin ich, dass ich mich so grundlegend verändert und weiterentwickelt habe. Durch meine Veränderung komme ich nun beispielsweise in den Genuss von Situationen herzerfrischender dialektbedingter Komik. So ergab es sich am Anfang unserer Beziehung – wie es sich für liebevollen Umgang miteinander natürlich gehört –, dass wir einander mit Koseworten ansprachen und verwöhnten. Neben dem leicht identifizierbaren und recht gängigen ‚Schatzi' nannte Frank mich eines Tages ‚mein Promi'. Hm, na gut, dachte ich, es gibt sicher bessere Kosenamen, aber es gibt ja auch schlimmere. Genau hier setzt nun die Dialekt-Komik an. Denn was Frank wirklich sagte, war nicht ‚mein Promi'. Er hatte begonnen, mich ‚mein Brummi'(!) zu nennen! Hatte ich Frank also immer noch nicht gut genug gefüttert, dass ich im Vergleich zu ihm wie ein Brummi aussah??

Nun denn, allen Brummis meiner Altersklasse, die es bisher nicht so erfolgreich geschafft haben, gelassen und weise zu werden, kann ich nur immer wieder raten: Ladys, macht euch locker! Bleibt offen und neugierig! Seid gelassen und tolerant mit menschlichen Macken – bedenkt: Ihr habt doch auch Macken!

Doch je älter man wird, umso mehr entsteht im Inneren der Menschen eine sonderbare Sperre, wir bauen uns seltsame Regeln auf, nach denen das Leben angeblich funktioniert. Im Endeffekt steht man sich so selbst im Weg und alles, was man vielleicht wünscht und möchte, wird nichts.

Es ist schade, dass aus diesem Grund unzählige Menschen gar nicht in den wunderbaren Genuss der späten Partnerschaft kommen, die wirklich etwas ganz Besonderes ist. Den Umgang miteinander empfinde ich so viel achtsamer, liebevoller und rücksichtsvoller. Unser ganzes Leben lang haben wir Erfahrungen gesammelt, sind gereift und haben unsere Persönlichkeit ein großes Stück weit entwickeln können. So trägt ein jeder von uns nicht nur sein Päckchen aus alten Narben mit in die neue Beziehung, sondern auch ein wunderbares Gebinde aus Ruhe, Reife und Respekt – all das kann ich heute leben. Das ist ganz fantastisch. Früher war ich oft eifersüchtig aufgrund meiner Ängste, meines geringen Selbstwertgefühls – warum ruft er nicht an? Wenn man verletzt wurde, ist es schwer, wieder zu vertrauen. Vertrauen zu haben, ist aber die Grundlage jeder Beziehung. Vertrauen in sich selbst, Vertrauen in das Leben, Vertrauen in die Beziehung. Heute weiß ich, dass man den Partner auch innerhalb der Beziehung loslassen muss, dass jeder seinen eigenen Raum braucht. Dafür muss man auch seine Ängste loslassen, seine Vergangenheit, seine Vorurteile, seine gefestigten Meinungen. Unerlässlich in einer Beziehung ist Kommunikation. Alles geht über die Sprache, das Schwierigste überhaupt. Kommunikation kann auch über Berührung geschehen. Männer durften früher nie reden. Sie mussten Cowboy und Indianer sein. Sie haben nie gelernt, Gefühle auszudrücken oder über ihre Schwächen zu reden. Auch untereinander reden Männer kaum. Sie geben keine Schwäche zu, nicht mal unter Freunden. Ich habe meinen Sohn anders erzogen, wie viele andere Frauen heutzutage auch, und ich bin froh, dass ich mit Frank einen Mann an meiner Seite habe, der die Prioritäten richtig setzt, der zuhören und Gefühle leben kann. In dieser Hinsicht habe ich viel von ihm gelernt.

Eine weitere positive ‚Begleiterscheinung' später Liebe: erwachsene Kinder. Auch das ist ein riesiger Gewinn. Das ganze Theater mit Ex, Mann, Frau und kleinen Kindern ist in der späten Liebe längst Vergangenheit, so dass derartige Reibereien überhaupt nicht zu befürchten sind. Stattdessen trifft man die Kinder des Partners beziehungsweise der Partnerin auf der Erwachsenenebene, die perfekte Voraussetzung für entspanntes Kennenlernen.

Ich habe immer gesagt, bei mir kommt das Beste zum Schluss. Es scheint zu stimmen. Frank ist tatsächlich *die* große Liebe. Und schön ist es zweifellos auch, wenn ein neues Glück auf die Zustimmung der Kinder stößt. *Ja, läuft bei dir, Mama!*, war Laurins geschmeidiges Statement, als ich ihm von Franks Heiratsantrag erzählte. Na dann ...

Letztendlich ist es natürlich auch denkbar, dass zahlreiche Single-Frauen da draußen vollkommen glücklich und zufrieden sind mit ihrem Lebensentwurf und sich gar keine Partnerschaft im Alter mehr wünschen. Absolut in Ordnung, sage ich da, denn sowieso sollte ein Mensch sich niemals über seine Partnerschaft definieren. Eine nicht vorhandene Partnerschaft sollte niemals im Mangeldenken enden. Ich war zehn Jahre allein, und es ging mir meistens gut damit. Dennoch finde ich, dass das Allerbeste eine nie endende Offenheit ist für alles, das uns im Leben noch beggnen könnte.

Genauso wie es sicherlich nicht gut ist, verbissen nach einer Partnerschaft zu suchen, genauso ist es wahrscheinlich nicht gut, eine Partnerschaft kategorisch abzulehnen. Glücklich sein im Hier und Jetzt mit dem Leben, das man hat und lebt, und in diesem Leben offenbleiben und gespannt, was noch kommt – das ist die beste Grundlage für empfundene Lebensfülle.

Frauenfreundschaften

In der Luxuslimousine fährt jeder gerne mit. Aber du brauchst Menschen, die mit dir Bus fahren, wenn die Limousine liegen bleibt.

OPRAH WINFREY

Es ist einfach wahr: Nichts kann gute Freundinnen ersetzen. Ich schwöre auf Frauenfreundschaften. Sie sind das Lebenselixier aller Single-Frauen und sie sind Kraftquelle, Auffangbecken neben Ehe und Partnerschaft. Frauenfreundschaften sind anders als Männerfreundschaften. In der Regel sind sie sehr eng, ganz nach dem gängigen Klischee: Wir kennen keine Tabus voreinander, erzählen uns die intimsten Dinge, gehen zusammen aufs Klo, blockieren stundenlang das Telefon, sind empathisch, verständnisvoll und hilfsbereit. Ich glaube, die Liste ist sogar länger. Das ist ganz wunderbar, darf aber nie zur Selbstaufgabe führen. Eine gesunde Balance ist wichtig, in der auch das Wort ‚Nein' einen Platz hat. Das weibliche Kümmer-Gen darf auch mal Urlaub haben, hier können Frauen auch mal von den Männern lernen und gesunden liebevollen Abstand üben.

Natürlich ist eine richtige Freundin immer da, wenn es wirklich brennt. Meine beste Freundin Isabel Varell stand mir nach der Trennung von Markus Lanz bei, sie wich nicht mehr von meiner Seite und war einfach da für mich. Es geht einfach nichts über die Freundin, die uns auch mal auf den Pott setzt und uns die unbequemen Wahrheiten sagt, die uns aufweckt, wenn Betrüger und Narzissten uns einlullen, aber auch die einfach nur viel Freude und Leben mit uns teilt. Mit Isabel verbinden mich fast 40 Jahre Freundschaft. Wir haben auch schon unsere Krisen miteinander gehabt, uns auch mal längere Zeit nicht gesehen. Aber wir konnten alle Missverständnisse immer ausräumen und haben gelernt, tolerant miteinander umzugehen. Gerade eine so lange Freundschaft ist etwas sehr Wertvolles. Darüber hinaus gibt es noch drei weitere enge Freundinnen, die mich gut kennen und mit denen ich über alles sprechen kann. Und das tun wir Frauen ja auch, wir reden einfach über ALLES.

Was ich mir für meinen neuen Lebensabschnitt nach 40 Jahren Fernsehen vorstelle, wurde ich immer wieder gefragt, als mein Abschied von RTL Ende des vergangenen Jahres anstand. Die Freiheit genießen, das zu tun, was mich erfüllt, *Zeit haben* für Menschen, die mir wichtig sind – dies sind die ganz wesentlichen Dinge. Zu den Menschen, die mir wichtig sind, gehören neben Frank ganz besonders meine Freundinnen. Ich wünsche mir, wieder mehr Zeit mit ihnen zu verbringen, wieder intensiveren Austausch zu haben und auch ganz einfach das Leben mit ihnen zu genießen. Natürlich fällt mir da gleich wieder eine lustige Anekdote ein. Ich hatte mir für meine Freundinnen Isabel und Ines zu ihren runden Geburtstagen etwas Besonderes ausgedacht: ein gemeinsames Zeitgeschenk. In Istanbul hatte ich ein Wochenende für uns drei organisiert. Wir hatten einen unvorstellbaren Spaß, waren ausgelassen wie Kinder und zuweilen sicher auch schrecklich albern – definitiv nicht immer einfach für die Menschen um uns herum, aber einfach unvergesslich, wenn ich an eines unserer zahlreichen Abenteuer dort denke ...

Isabel kam auf die Idee, einen Hamam zu besuchen. Ein Hamam ist eine traditionelle orientalische Badeanstalt. Früher, in den ersten Anfängen der Hamamkultur, wurde Frauen der Besuch eines Hamams nicht gestattet. Dies änderte sich im Lauf der Geschichte, denn man sprach der Wärme des Hamam eine fruchtbarkeitsfördernde Wirkung zu. Heutzutage besuchen auch Frauen gerne den Hamam, natürlich dennoch nach Geschlechtern getrennt.

Isabel wollte also unbedingt in so einen Hamam. Aber nicht in irgendeinen touristischen Wellness-Hamam. Richtig traditionell und ursprünglich sollte es sein. In unserem Hotel konnte man uns sicher Tipps geben. Die Dame an der Rezeption schaute etwas skeptisch, als handelte es sich bei unserem Vorhaben um eine Mutprobe, die nur ein waschechter Türke bestehen könne. Doch Isabel war wild entschlossen, den Hamam zu erleben, den die Hotelmitarbeiterin uns schließlich nannte. Ich zierte mich erst noch eine Weile: Für mich ist es selbst vor den besten Freundinnen so eine Sache, ganz nackt zu sein. Nach viel Überredungskunst machten wir drei Walküren uns auf den Weg.

Versteckt in einer etwas abgelegenen Gasse, in einem leicht morbide wirkenden Haus fanden wir dann: unseren traditionellen Hamam. Ich hab ihn noch genau vor Augen, diesen wunderschönen großen runden Marmorsaal. Genauso hatte ich mir das vorgestellt, wie in 1001 Nacht... doch wenn ich geahnt hätte, was da auf uns zukam. Ines und ich schauten uns etwas verunsichert an, doch Isabel war begeistert: „Wunderbar! Hier sind weit und breit keine Touristen", rief sie. „Auf geht's, Mädels!"

Wir wurden sehr freundlich empfangen, unsere Kleider und Taschen wurden verstaut und wir selbst in ein türkisches Handtuch, Hamamtuch oder auch Pestemal genannt, gewickelt. Jede von uns hatte eine Bademeisterin zur Seite. Faszinierende alte kräftige Frauen, jedoch ihre Kleidung war irritierend. Sie trugen billig wirkende rosa und pinkfarbene Spitzenunterhöschen, dazu BHs, unter denen die Brüste herausguckten. Sie alle wirkten sehr rigoros. Meine Bademeisterin hatte keine Zähne. Nur noch ein Stummel hielt in ihrem Mund einsam die Stellung. Wie gebannt starrte ich darauf, immer wenn sie etwas sagte. Unsere Bademeisterinnen sprachen nur türkisch, doch mithilfe internationaler Hand- und Fußsprache verstanden wir, was als Nächstes zu tun war. Wir kamen in den eigentlichen Hamamraum, im heißen Dampf sollten wir dort zunächst kräftig ins Schwitzen gebracht werden. Auch der Appell der nächsten Geste war unmissverständlich: Runter mit den türkischen Handtüchern! Wir mussten die Tücher, in die wir gewandet waren, zu unserem Unbehagen abgeben. Splitternackt standen wir vor unseren in Spitze gekleideten Bademeisterinnen, deren gewaltige Brüste sich schon deutlich der Schwerkraft hingaben.

Unwillkürlich schossen mir Gedanken durch den Kopf: *Hilfe, wann hatte ich das letzte Mal meine Bikiniline geschoren?* ... Wir schauten uns ängstlich an, saßen auf einer beheizten Bank und gewöhnten uns allmählich an die Hitze. Während ich so langsam vor mich hin verkrampfte, entdeckte ich plötzlich Ines ‚Haarschnitt'. Ich meine damit aber nicht ihr Haupthaar, sondern die Frisur der unteren Zone. Nanu, dachte ich, eine Fluglandebahn ... weiter kam ich nicht mit meiner Reflexion zum Styling erogener Behaarung, denn schon wurde uns warmes Wasser über den Kopf geschüttet. Dann ging es richtig los. Wir sollten uns auf Marmorsteine setzen – ein Peeling stand an. Unsere Bademeisterinnen verschwanden einen kurzen Augenblick, dann kamen sie zurück. Mit billigen bunten und schäbbig wirkenden Plastikeimern. Sehr passend für diesen edlen Marmorhamam ... Jetzt holten sie abgenutzte, grobe Baumwollhandschuhe hervor und bearbeiteten uns damit dermaßen resolut, dass es sich anfühlte, als würden wir von unser gesamten obersten Hautschicht befreit. Warum nicht gleich Sandpapier? Dann wäre die Folter schneller überstanden. Wir schauten uns ängstlich an, und Isabel sagte trocken: „Wenn die nicht aufhört, blute ich gleich."

Aber das war längst noch nicht das Schlimmste. Sie legten uns auf jeweils einen großen heißen Stein. Dann ging es los. Wir wurden eingeseift, jedoch so massiv, dass uns in kürzester Zeit eine riesige Schaumwolke einhüllte. So musste sich also ein Auto in einer Autowaschanlage fühlen. Der Schaum drang mir ins gesamte Getriebe. Meine Ohren, meine Nase, mein Mund – überall Schaum. Ich kniff krampfhaft die Augen zu, über die unablässig dicke Seifenteile meines riesigen Schaumhelms glitten. Meinen Freundinnen musste es ähnlich gehen, ab und zu hörte ich das seifige Gurgeln, Schnaufen und Seufzen der einen oder anderen.

Unter den Händen unserer Hamam-Meisterinnen waren wir nur noch einzige glitschige Wesen. Die alten Türkinnen rieben und rubbelten unsere armen sterblichen Hüllen mit einer solchen Intensität, als ginge es darum, einen Preis zu gewinnen. Dazu dehnten sie uns, wie wir noch nie gedehnt worden waren. Wir hörten fast die Knochen krachen. Der Befehl einer jeden von uns an uns selbst war nur: Augen zu und durch. Als meine Bademeisterin von mir abließ, wagte ich es wieder, die Augen zu öffnen. Das Erste, was ich sah, war ihr Zahnstummel. Sie kicherte mich zufrieden an.

„Gut?", fragte sie.

Ich nickte vorsichtig.

„Gut", antwortete ich, mich fragend, was als Nächstes wohl kam. Denn irgendwas musste mit der ganzen Seife ja nun passieren. Und dies passierte wahnsinnig schnell. Die Bademeisterinnen konfrontierten die Seifenmassen mit ebenso großen und vor allem kalten Wassermassen. Diese schütteten sie so unbarmherzig und energisch über uns, dass wir schnappatmeten, uns an Wasser und Seife verschluckten und husteten. Ich dachte, ich ertrinke. Waren unsere Bademeisterinnen vielleicht kleine Sadistinnen? Als ich allmählich wieder zu mir kam, fühlte ich mich gar nicht so schlecht. Meine Haut war wunderbar weich. Nur im Gesicht spürte ich noch Röte. Ich sah mich um und versuchte mich der guten Befindlichkeit meiner beiden Freundinnen zu versichern. Sie lebten. Mittlerweile waren immer mehr Frauen in den Hamam gekommen. Ich saß auf meinem Stein und versuchte unbeholfen, mit meinen Armen und Beinen meine Blöße zu verdecken. Isabel lag wie eine erlöste Elfe entspannt auf dem obersten Stein. Wie sie da so lag, dachte ich, könnte sie doch eigentlich ein wenig für uns singen. „Isabel sing was!", sagte ich. Meistens macht sie das dann auch – für ein Glas Wein. Ich habe sie schon erfolgreich in New York auf der Straße genötigt zu singen oder in der Metro in Paris ... was haben wir schon für skurrile Situationen miteinander gehabt! Was für ein Spaß ist es, diese verrückten Dinge zu machen! Doch diesmal zierte sie sich. Natürlich ließ ich nicht locker und sprach einfach laut in den Hamam hinein „She is a famous singer in Germany!" und zeigte mit dem Finger in ihre Richtung. Dann hatte ich es geschafft! Was für ein Anblick: Ganz oben auf dem Stein in der Mitte lag Isabel splitterfasernackt und peinlich darum bemüht, dass man nicht zu allzu viel von ihr sah, und sie sang – *Amazing Grace*. Sie sang laut, klar, schön. Und lange. Ein privates Hamam-Konzert für unsere Bademeisterinnen, Ines, mich und die anderen Frauen.

Nach der gesamten Zeremonie taumelten wir ganz erschöpft aus dem Hamam, immer noch glitschig überall von der billigen Seife. Selbst auf dem Rückflug am Tag darauf hatten wir immer noch seifige Haare. Ja, das war eine tolle Geschichte, auch wenn ich selbst es ganz so ursprünglich nicht wirklich brauche. Und insofern – obwohl ich ja als Frauenfreundin für die absolute Gleichberechtigung bin – würde ich keine Revolution starten, wenn ein Hamam plötzlich wieder wie früher nur für Männer zugänglich wäre.

Also, liebe Leserinnen, seid gewarnt: Solltet ihr irgendwann einmal von eurer Freundin in ein Hamam-Abenteuer reingezogen werden, dann gebt acht, dass die Frisur sitzt – oben und unten!

Solche Erlebnisse machen Frauenfreundschaften zu einem wahren Paradies. Doch wie zuvor schon an einigen Stellen angesprochen, sind Freundinnen nicht nur wichtig für witzige und ausgelassene Abenteuer, sondern auch für ernste und dunkle Stunden. Es geht nichts über eine echte Freundin, die dich auf den Boden zurückholt, wenn du Dummheiten machst oder denkst. Es geht nichts über den Austausch zwischen Freundinnen zu Lebensfragen oder in Sinnkrisen. Ebenso geht auch nichts über eine gute Freundin, die da ist, wenn Hilfe nötig ist.

Wenn Frauen eine Zeit lang allein waren und sich dann wieder verbandeln, geschieht es oft, dass sie ihre anderen Freundschaften vernachlässigen. Der Kontakt wird seltener, bis er im schlimmsten Fall irgendwann ganz abreißt und man wie in einem Kokon, abgeschottet von der Welt nur noch mit dem Partner in der eigenen kleinen Welt hockt. So etwas kann nicht gutgehen, ist meine Überzeugung. Und eine solche Abschottung in einer Partnerschaft ist auch nicht gesund. Frauen, die so etwas zulassen, können sich glücklich schätzen, wenn ihre Freundinnen ihnen trotzdem die Treue halten und ihnen vielleicht sogar gehörig den Kopf waschen und ihr Verhalten unter die Nase reiben.

Doch nicht nur Frauenfreundschaften sind ein wichtiger und wertvoller Bestandteil des Lebens. Es ist auch ein großes Geschenk, wenn Frauen männliche Freunde haben. Mein langjähriger Herzensfreund beispielsweise ist Gerrit Winter, den ich zunächst als exzellenten Gesangscoach kennenlernte. Mit der Zeit entwickelte sich eine sehr tiefe und enge Freundschaft. Diese Freundschaft ist umso besonderer, als Gerrit 25 Jahre jünger ist als ich. Als ich selbst jung war und gerade meine ersten Erfahrungen im Fernsehen sammelte, zur Zeit der *Aktuellen Stunde*, da hatte ich mit Anna Alte, der damaligen rechten Hand vom WDR-Chefredakteur, eine Freundin, die 30 Jahre älter war als ich. Heute ist sie fast 94. Mein ganzes Leben lang hatten solche generationenübergreifenden Freundschaften einen hohen Wert für mich. Themen aus der Perspektive einer älteren oder jüngeren Generation zu betrachten ermöglicht einen sagenhaft umfassenden Blick auf die Welt und inspiriert das eigene Leben ungemein. Man lernt voneinander, man gibt und empfängt.

Schönheitswahn – Plastikbusen im Meer

Wahre Schönheit und Weiblichkeit sind alterslos und nicht künstlich herstellbar.

MARILYN MONROE

Ich wünschte, alle Frauen hätten ein männliches Selbstbewusstsein. Dann wären die Botox-Industrie und die Schönheitschirurgen bankrott. Nun gut, ich wünsche natürlich keinem, dass er bankrottgeht. Wichtiger wäre sicher, dass Frauen überzeugt sind von dem, was stimmt: dass sie gut sind, so wie sie sind. Doch allzu oft kränkelt das weibliche Selbstbewusstsein. Die Folgekrankheit: der Optimierungswahn. Schrecklich, wie ich finde.

Neulich las ich irgendwo eine Umfrage, in der Mädchen sagen sollten, was sie an sich gerne verändern würden. Ich war entsetzt über die zahlreichen Wünsche junger und auch wirklich hübscher Mädchen, gerade mal im Teenager-Alter. Da ist der Busen zu klein, die Hüften zu breit oder schmal, der Po zu dick, die Lippen zu dünn, das Gesicht zu rund, die Nase zu krumm oder groß, der Bauch zu schwabbelig, und sowieso Cellulite überall, und dieses und jenes.

Kurz darauf stieß ich wieder auf dieses Thema. Es gab eine Talkrunde in *Hart aber fair* zum Thema Schönheitswahn. Die erschreckenden Fakten, die dem Talk vorangestellt waren: 920 000 Schönheitsoperationen gab es 2018 in Deutschland – das waren 30 Prozent mehr als im Jahr davor. Im Talk selbst unterhielt sich eine bunt gemischte Runde kontrovers zum Für und Wider hinsichtlich chirurgischer Eingriffe. Besonderes im Fokus standen die Verwundbarsten jeder Gesellschaft: unsere Kinder und Jugendlichen. Influencerin Louisa Dellert warnte hier sehr eindringlich. Denn vor ein paar Jahren hätte sie fast selbst eine solche „Schönheitschance" ergriffen. Eine Brust-OP sollte die Optik der nur noch 46 Kilogramm leichten jungen Frau noch weiter optimieren. Ihr gestörtes Schönheitsbild hat sie heute zum Glück überwunden und präsentiert sich mit 10 Kilo mehr. Fröhlich und gesund sieht sie aus und nutzt heute die sozialen Plattformen wie Instagram, um ihren Followern mit ihrer Story die Augen zu öffnen und aufzuklären: Der wachsende Optimierungswahn führt zu nichts Gutem. Unzufriedenheit, Depressionen, sinkendes Selbstbewusstsein gehören zu den Folgen dieses fragwürdigen Wettbewerbs. Weil: Einfach so sein wie man ist? – Das ist leider keine Option mehr für junge Frauen und Mädchen. Doch Louisas Mission ist nicht einfach. Ihre Likes sind um die Hälfte gesunken, seit sie sich von ihrem 46-Kilo-Körper verabschiedet hat und auf ihren Fotos Natur pur präsentiert. Auch die Arztpraxen der Schönheitschirurgen werden eher voller und voller, denn der Druck, perfekt, schön und jung auszusehen, wächst weiter. Eine Entwicklung, die ich mit Sorge betrachte.

Es ist mir klar, dass es natürlich auch Fälle gibt, für die die Schönheitschirurgie ein Segen ist. So wies auch der weithin bekannte Schönheitschirurg Werner Mang in Plasbergs Talk darauf hin, dass er sehr wohl einen Unterschied mache, ob nun ein Jugendlicher mit einer gewaltigen Höckernase bei ihm vorstellig wird oder ein Mädchen mit einem durch Instagram-Filter perfektionierten Bild. Das Problem des Jungen müsse natürlich durch eine OP gelöst werden, das Problem des Mädchens durch psychologische Gespräche.

Wie dankbar bin ich, dass es solchen Unfug zu meiner Jugend noch nicht gab.

Viel länger schon greift sich der Schönheitswahn natürlich die Alten mit Falten. Vom Alter will keiner was wissen – die Welt gehört den jungen Menschen. Und überhaupt, wie die schon aussehen, diese ollen, faltigen, verschrumpelten Gesichter! Vor allem die der Frauen! Das geht ja gar nicht – das schreit geradezu nach Verjüngung! Sagt die moderne Gesellschaft.

Der Jungbrunnen der Neuzeit quillt zum Glück über vor Möglichkeiten, dem Gesetz der Natur einen Riegel vorzuschieben. Oder es zumindest zu versuchen. Facelifting, operativ, minimal-invasiv, Botox, Hyaluron, Laser, Ultraschall, Vampirlifting sowie Berge von Anti-Aging-Produkten in Tuben und Tiegeln mit verschiedenstem Balsam und Serum für ewige Jugend. Mal ehrlich, was ist eigentlich los hier auf diesem Planeten?

Ich finde ganz einfach – und das fand ich schon immer –, man muss zu seinem Alter stehen. Vielleicht hört es sich blöd an, aber in Würde alt werden, das ist, was ich unbedingt möchte. Aus diesem Grund ist es mir auch gar nicht leichtgefallen, viele, viele Jahre immer meine Haare zu färben und mich damit dem Druck meiner RTL-Chefs zu fügen. Ne grauhaarige alte Schachtel als Moderatorin? Um Gottes willen, das geht ja gar nicht. Dieses Haarthema gehört zu den ganz wenigen Dingen, wo ich die Faust in der Tasche gemacht habe und mich lange Jahre ein Stück weit verbiegen ließ. Die Entscheidung, mit diesem Irrsinn aufzuhören, gehört zu den besten Entscheidungen meines Lebens. Ich bin ich, mit Haut und Haar. Und die Bahn ist frei für mein schon lang gestecktes Ziel: Eine coole Alte will ich werden!

Ich will nicht ‚mithalten' oder mich vergleichen mit jungen Frauen oder gar Mädchen auf Instagram, Facebook oder sonst wo in der Öffentlichkeit. No filter – ungeschminkt. Bis ich 100 bin.

Natürlich bin auch ich eitel. Auch ich mache mich gerne schick, schmücke mich, pflege mich, achte auf meine Haut. Mit meiner Haut, dafür bin ich auch dankbar, habe ich zudem viel Glück. Gute Gene, sagt meine Hautärztin. Oder ist dies so, weil ich mich einfach auch wohlfühle in meiner Haut? Ich bin überzeugt, dass es nach außen strahlt, wenn man innendrin mit sich im Reinen ist. Klar ist natürlich auch, dass ich nicht weiß, was ich ohne diese guten Gene täte. Wenn ich also durch dieses neuzeitliche gesellschaftliche Bewertungsraster für Schönheit total durchfiele und meine Fassade nur noch durch Facelifting oder Foto-Filter zu retten wäre – was dann? Vielleicht würde ich mich verführen lassen? Ich weiß es nicht. Doch Lippen wie Fahrradschläuche oder Plastik-Monsterbrüste? Wie kann man sich freiwillig Plastik in die Brust pflanzen lassen? FREIWILLIG! Da bekomme ich Plastik-Wahnvorstellungen.

Die täglichen Meldungen über menschliche Plastiksünden überall auf der Welt bedrücken schon genug. Umweltschützer und Politiker prognostizieren für 2050 mehr Plastik im Meer als Fische. Da geht bei mir nun das Panik-Kopfkino los. Wie viel Plastik-Busen treiben dann dazwischen?

Mein Kopfkino trägt mich weit in die Zukunft, wo der Meeresspiegel endgültig alle Kontinente fest im Griff und weitgehend unter sich begraben hat, menschliches Leben ausgelöscht und alles Organische längst durch natürliche Zersetzung in die Restbestände des Festland-Humus integriert ist. Bis auf diese Plastik-Busen. Die hüpfen dann unverwüstlich und ewig-straff auf dem Meer. Milliarden hüpfende Busen. Und wenn dann einst die ersten (wirklich) intelligenten Wesen von anderen Sternen mit ihrem Raumschiff auf der Reise durchs Universum bei uns einen Zwischenstopp einlegen, werden sie sich wundern, was für ein komischer Planet das ist. Zum Glück werden sie niemals erfahren, dass diese Plastikbusen, die sie im Wasser orten, mal Teil menschlicher Wesen waren. Und zum Glück ist ihnen auch der merkwürdige Anblick erspart geblieben, wie Plastik-Busen-Besitzerinnen sich auf Kreuzfahrtschiff-Liegestühlen räkelten und dabei alles Fleisch in tiefenentspannter Erschlaffung der Schwerkraft folgte – bis auf diese strammen bergigen Busen, deren Zipfel energisch in den Himmel ragten ...

Stopp Kopfkino! Zurück in die Gegenwart. Also, ich habe Glück gehabt mit meinen Genen. Manchmal wollen mir Neider was unterjubeln und konfrontieren mich mit ihrem Verdacht, ich ‚hätte da was machen lassen'. Ich habe da aber nichts machen lassen! Wer richtig hinschaut, sollte das auch sehen können. Wie ich schon sagte, natürlich bin auch ich eitel. Ich meide Sonnenlicht ohne Lichtschutzfaktor, gehe regelmäßig zur Kosmetikerin, mache dort Peeling, Massage, meine wohltuende Lieblingsbehandlung HydraFacial und alles, was den Alterungsprozess verzögert. Und ich kaufe mir auch tausend Cremes, von denen ich nicht wirklich weiß, was sie letztlich genau bewirken. Denn eine Creme kann mir mein Alter ja nicht aus dem Gesicht zaubern, doch sie kann durchaus dafür sorgen, dass die Haut gepflegt aussieht und sich vor allem gut anfühlt.

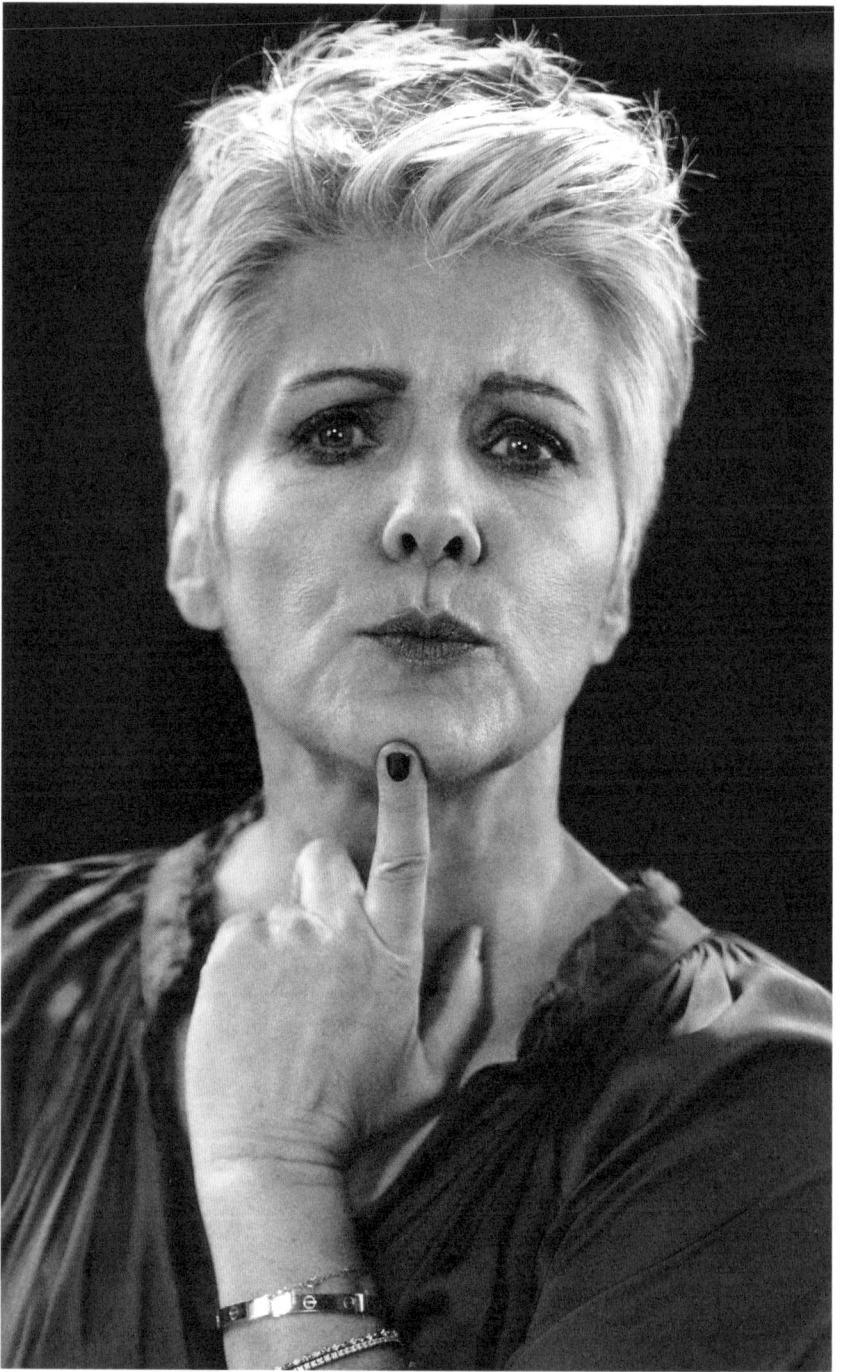

Finanzen? –
Das macht der Heinz!

Wir wachsen, indem wir andere fördern.
ROBERT INGERSOLL

Vor einigen Jahren besuchte mich eine Freundin, ich freute mich riesig – so lange hatten wir uns nicht gesehen. Ich war gespannt, was sich in ihrem Leben ereignet hatte, ich wusste nur noch, dass sie mit ihrer Familie zusammenlebte, sich um Haus und Hof kümmerte und halbtags arbeitete. Vielleicht hatte sich ja was Neues ereignet bei ihr. So wie bei mir, ich habe ja auch ständig was zu erzählen.

Wenig später, nachdem ihr Zug planmäßig am Kölner Hauptbahnhof angekommen war, rief sie mich an.

„Wo wollen wir uns treffen?", fragte sie und ich merkte sogleich, sie war bedrückt.

„Bei mir zu Hause, hatten wir doch abgemacht – oder möchtest du doch lieber in der Stadt was machen?"

Sie schwieg einen Augenblick. Der Grund: Sie hatte kein Geld. Weder für Straßenbahn und Bus zu mir noch für einen Kaffee in der Stadt. Sie hatte nichts. Ich war entsetzt.

Ich drängte sie, ein Taxi zu nehmen, es sei ja nicht weit zu mir und ich würde ihr das gerne bezahlen. Die Sache war ihr sagenhaft peinlich, doch es gab für sie ja gar keine Alternative. So stieg sie ins Taxi.

„Was ist los bei euch?", fragte ich sie sogleich, als wir das Taxi bezahlt hatten und die Treppe hinaufstiegen zu meiner Wohnung. „Hat dein Mann euer gesamtes Vermögen ins Bordell getragen?" Ich versuchte sie aufzumuntern.

„Nein, es ist bloß ... mein Taschengeld ist alle."

„Dein was???"

„Taschengeld. Ich bekomme immer ein monatliches Taschengeld."
„Nicht dein Ernst! Das kann ja wohl nicht groß ausfallen, wenn es jetzt schon alle ist! Was verdient dein Mann denn?"
Sie schaute mich entgeistert an.
„Ich weiß nicht. Es ist alles verschlossen. In so einem Schrank."
Ich war vollkommen entsetzt. Sie hatte keine Ahnung, was ihr Mann monatlich verdiente. Alle finanziellen Unterlagen waren für sie unzugänglich in einem Schrank verschlossen. Meine Entrüstung über diesen mittelalterlichen Zustand in unserer heutigen Zeit war grenzenlos. Ich redete mit Engelszungen auf sie ein, sich ein Schlüsselduplikat zu besorgen, Zugang zu diesen Dokumenten sowie einen Überblick zu verschaffen, ihre Rechte zu klären und dann diesen unmöglichen Mann zu verlassen. Sie hat es nicht hingekriegt. Hingekriegt hat sie aber, sich noch mehr Bürden aufzuladen, denn sie übernahm noch die Aufgabe, sich um die pflegebedürftige Mutter ihres Mannes zu kümmern. So ehrenvoll ich es finde, sich in der Familie einzusetzen und für die alten Eltern da zu sein – es muss alles immer ein Geben *und* Nehmen sein. Hier sah ich nur Geben. Meine Freundin gab ihre ganze Kraft. Doch sie erhielt nichts zurück. Was ich hier wahrnahm, war gewiss kein Füreinander und Miteinander.

Als sie mich danach noch ein weiteres Mal besuchte, diesmal für ein paar Tage, wurde sie von ihrem Mann abgeholt. Ich schaute den beiden aus dem Fenster hinterher und sah, wie meine Freundin sich mit ihrem Koffer abmühte und hinter ihrem Mann her strauchelte. Der gnädige Herr schritt vorneweg, ohne auch nur einmal Notiz von ihr zu nehmen und sich nach ihr umzudrehen. Man darf es eigentlich nicht laut sagen, doch es muss – ich bitte um Verzeihung – ungeschminkt raus: Dieser Mann ist ein Arschloch ...

Meine Freundin ist leider kein Einzelfall. Auch wenn ich mir so etwas niemals gefallen ließe, so gibt es immer noch viel zu viele Frauen in ähnlichen Situationen. Wir sind ganz einfach so großgeworden, wir wurden kleingehalten und hatten bescheiden zu sein, im Schatten der Ehemänner. Damit das auch nicht schiefging oder zu Diskussionen führte, gab es noch vor nur 50 Jahren herrliche Gesetze im Bürgerlichen Gesetzbuch, die uns Frauen in unsere Grenzen wiesen, ganz nach dem tollen Motto *Frauen gehören hintern Herd* ...

... Bis 1958 hatten Männer das alleinige Bestimmungsrecht über ihre Frau und Kinder.

... Bis 1. Juli 1958 konnten Ehemänner Arbeitsverträge ihrer Frauen ohne deren Zustimmung fristlos kündigen, wenn sie der Ansicht waren, deren Berufstätigkeit gefährde den Haussegen!

... Bis 1962 durften Frauen ohne Zustimmung des Mannes kein eigenes Bankkonto eröffnen.

... Ehemänner verwalteten das Geld, das ihre Frauen verdienten oder mit in die Ehe brachten.

... Verheiratete Frauen waren noch in den 60er Jahren nicht geschäftsfähig und durften keine größeren Anschaffungen machen.

... Bis 1977 durften Frauen nur mit Erlaubnis des Mannes arbeiten.

Eine Historie, die sprachlos macht, aber auch erklärt, warum es heute noch so viele Frauen gibt, die sich wie meine Schulfreundin einem so befremdlichen Schicksal ergeben. Wir sind ganz einfach so großgeworden. Und viele Frauen haben sich einfach nicht gewehrt, auch dann noch nicht, als sich die Gesetze längst geändert hatten.

Als ich im April 1958 geboren wurde, gab es diese erniedrigenden Gesetze noch, durch die Frauen kleingehalten und in Abhängigkeiten gepresst wurden. Zugleich war das Jahr 1958 aber auch eine Geburtsstunde tiefgreifender und wichtiger Umbrüche in der Gleichberechtigung von Männern und Frauen. Ich fühle mich als Teil einer gewissen Übergangsgeneration: Den Umbruch, in den ich hineinwuchs und der immer noch andauert, muss, kann und möchte ich aktiv weiter mitgestalten. Denn es genügt nicht, dass Frauen heute selbst darüber entscheiden können, ob sie ein Konto eröffnen, einen Beruf ausüben oder ein Sofa kaufen – sie müssen dies auch tun. Sie müssen für sich sorgen und *vor*sorgen. Gerade für Frauen ist dies heute wichtiger denn je.

„Geldsachen? Davon will ich nix wissen, das macht der Heinz!", winkte eine befreundete Dame – in ähnlich vollreifem Alter wie ich – stets desinteressiert ab, wenn ich sie mal wieder auf dieses Thema ansprach. Sie hatte immer sowohl vor ihrer finanziellen Unabhängigkeit als auch vor der Sterblichkeitsstatistik der Geschlechter konsequent die Augen verschlossen. Und dann ist der Heinz gestorben. Ganz plötzlich. Sein Nachlassgeschenk für die hinterbliebene Witwe: Eine dicke Hypothek auf dem Haus, eine aufgelöste Lebensversicherung, keinerlei Vorsorge – und das Sahnehäubchen: Fremdgegangen ist er auch. Natürlich lässt sich nun leicht urteilen, dass Heinzens Gattin es letztlich selbst schuld sei. Sie hätte ihrem Schmutzbuckel Heinz ja mal in jedweder Hinsicht auf die Finger schauen können und ihm vor allem nicht die kompletten Finanzen überlassen sollen. Hätte, müsste, sollte, könnte – alles sehr leicht gesagt. Wie ich schon sagte, wir sind einfach so aufgewachsen. Bis vor 50 Jahren ‚durften' Frauen finanzielle Themen ganz schlicht und einfach nicht in die eigene Hand nehmen. Viele Frauen – ganz besonders aus meiner Generation – haben sich immer noch nicht abgenabelt. Doch was noch schlimmer ist, auch in der jungen nachfolgenden Generation beobachte ich bedenkliche Situationen. Sogar junge Frauen geben immer noch die Verantwortung für sich selbst ab, sobald sie Mann und Familie haben.

Die Macht unserer Glaubenssätze

Alles, was wir sind, ist ein Resultat dessen, was wir gedacht haben.

BUDDHA

Doch es gibt keinen Heinz, in dessen Schutz Frauen sich abgesichert tummeln können. Frauen müssen ihre Haltung zum Thema Geld reflektieren und darüber nachdenken, warum sie handeln, wie sie handeln, und warum sie denken, wie sie denken. Hier kommen unsere Glaubenssätze ins Spiel – machtvolle Vorannahmen, die jeder Mensch in sich trägt, viele von Generation zu Generation weitergegeben. Solche Glaubenssätze können unser ganzes Leben sabotieren und ruinieren. Es gibt Glaubenssätze über Geld, die tragen Frauen seit Generationen wie vererbbare Tattoos in Herz und Hirn: *Geld ist Männersache. Geld ist schmutzig. Geld verdirbt den Charakter. Über Geld spricht man nicht.*

Als ich ein Kind war, hat niemand über die Existenz, den Sinn oder Unsinn und die Gefährlichkeit von Glaubenssätzen reflektiert. Geld verdirbt den Charakter – ein ‚Spruch‘, den man kannte und sagte. Sprüche und Lebensweisheiten, über die wir aber auch lernten, dass sie wahr seien. Die Menschen in unserem Dorf waren exzellente Schüler beim Erlernen solcher seltsamen Fakten. Und in das schreckliche Rollenverständnis von Mann und Frau, das ich in meinem kleinen 400-Seelen-Heimatdorf im Sauerland miterlebte, passten diese Überzeugungen perfekt hinein. Als kleines Mädchen beobachtete ich die Abhängigkeit der Frauen von ihren Männern. Ich bekam mit, wie sie nach Geld fragten, wenn sie etwas kaufen wollten. Ich sah, wie sie sich rechtfertigten, wenn sie sich vom ‚Taschengeld‘ ihres Mannes mal einen Lippenstift mit nach Hause brachten. Und wenn in unserem Dorf eine Frau arbeitete, war das Mitleid groß, denn es war klar: Sie hatte einen schlechten Mann abbekommen, der sie nicht ernähren konnte. Was ich beobachtete, fühlte sich nicht gut an. Es war demütigend. Ich wusste schon als Kind: Wenn ich mal groß wäre, sollte sich mein Leben anders anfühlen.

So befremdlich diese ganzen Erlebnisse auf dem Dorf für mich waren – sie hatten auch was Gutes: Sie hielten mich wachsam und motivierten mich, sorgfältig auf mich selbst achtzugeben, meine Unabhängigkeit schon in jungen Jahren in die Hand zu nehmen und die Verantwortung dafür niemals abzugeben. Natürlich haben auch meine Eltern mir sehr viel Gutes mitgegeben und ich hatte – abgesehen von meinen elementaren gesellschaftlichen Sinnfragen – eine freie und meistens sorglose Kindheit. Nach der Schule flog die Tasche in die Ecke, ab ging es nach draußen, wo die Freunde waren und wir im Spiel die Zeit vergaßen. Niemand schickte uns WhatsApp-Messages, um zu überprüfen, ob wir noch lebten, niemand kontrollierte, wo wir waren und was wir machten. Orientierung, dass es bald Abendessen gab und wir nach Hause mussten, gab die Kirchturmuhr. Wir hielten inne im Spiel, zählten die Glockenschläge und wussten: Jetzt müssen wir laufen.

Doch ich lernte auch Verantwortung, Gemeinschaftssinn und die Notwendigkeit mit anzupacken, wenn es Arbeit gab. In der kleinen Landwirtschaft meines Großvaters mussten wir alle mit ran. Kühe von der Weide holen, Kartoffeln rausmachen, Heuernte. Natürlich hatten wir Kinder keine Lust und wollten lieber in die Bäume mit unseren Freunden. Doch rückblickend weiß ich: Es hat mir gutgetan, dass ich all dies gelernt habe von meinen Eltern und Großeltern. Dafür bin ich von Herzen dankbar. Und noch etwas ganz Wichtiges lernte ich von meinen Eltern: Dass es wichtig ist, für das Alter etwas zurückzulegen.

Altersarmut ist weiblich

Du bekommst im Leben,
wonach du dich traust zu fragen.

OPRAH WINFREY

Das Thema *Geld zurücklegen* wird gerade für Frauen immer wichtiger. Eine gesetzliche Rente, von der man leben kann, wird es in Zukunft nicht mehr geben. Eine massive Altersarmut droht. Prognosen zufolge könnten in den 2030er Jahren an die 75 Prozent der heute 30- bis 50-jährigen Frauen eine Rente von gerade mal 400 Euro erwarten. 75 Prozent! Diese Zahl muss man sich mal vorstellen! Das ist unter Hartz-IV-Niveau! Das ist eine Rente, die nicht einmal für die grundlegenden Dinge wie Essen und Miete reicht. Altersarmut ist weiblich – das ist eine Tatsache! Alleinerziehende Frauen sind dreimal so häufig betroffen wie komplette Familien mit Kindern. Und alleinerziehend sind Frauen schneller als sie denken!

Warum haben Frauen diese enttäuschende Perspektive? Kurz und knapp auf den Punkt gebracht: Sie verdienen zu wenig und arbeiten zu kurz. Es ist eine traurige Tatsache, dass Frauen durchschnittlich 21 Prozent weniger Gehalt bekommen als ihre männlichen Kollegen – für die gleiche Arbeit. Auch die Kindererziehung ist nach wie vor Frauensache. Kind *oder* Karriere heißt der Scheideweg. Mütter reduzieren oft ihre Vollzeit- und sogar auch noch ihre Teilzeitstelle. Väter, die dies tun, sind seltene exotische Exemplare. Mit der Gleichberechtigung ist es hier also nicht weit her. Gegenwärtig verfügen laut einer Studie im Auftrag des BMFSFJ auch nur gerade mal 10 Prozent der 30- bis 50-jährigen Frauen in Deutschland über ein eigenes Nettoeinkommen von über 2.000 Euro. Die geplante Grundrente wird das Problem der Altersarmut bei Frauen nicht lösen. Sie wird zwar die Rentenaussichten einiger Geringverdiener verbessern, doch Geringverdienerinnen, die durch Kindererziehung größere Karriereunterbrechungen haben, fehlen die erforderlichen Beitragszeiten für die Auszahlung.

Aber was tun? Ich sage: Sparen und Investieren! Oberstes Gebot zuvor: diese dummen Glaubenssätze loswerden. Denn solange Frauen immer noch – und wenn auch nur ein ganz kleines bisschen – denken, dass Geld Männersache ist und der Heinz das besser kann, oder dass Geld den Charakter verdirbt und schmutzig ist, wird sich nichts bewegen. Solange die negativen Überzeugungen über Geld fest in den Köpfen der Frauen wurzeln, bleibt der Heinz Steuermann und die Altersarmut weiblich.

Geld verdirbt den Charakter?

**Wir sehen die Welt nicht so, wie sie ist.
Wir sehen sie so, wie wir sind.**

AUS DEM TALMUD

Wir müssen sie also dringend loswerden, diese negativen Glaubenssätze, die wir aus unserem Elternhaus in unser eigenes Leben geschleppt haben. Schlimm genug, dass sie zuweilen schon in unseren Kindern weiterleben.

Dass sich Glaubenssätze so leicht fortpflanzen, liegt an einer sehr interessanten Tatsache: Nur 10 Prozent unseres Handelns geschieht aus bewussten Entscheidungen. Die restlichen 90 Prozent steuert ein großes unterbewusstes Programm. Wir müssen also dieses große unterbewusste Programm – unser sogenanntes Mindset – perfekt justieren, damit wir gute und gesunde Entscheidungen treffen.

Die Geld-Glaubenssätze der Frauen sind besonders fatal. *Geld ist nicht wichtig, Geld macht nicht glücklich, Geld verdirbt den Charakter. Über Geld spricht man nicht.* Es gibt unendlich viele mehr. Unbemerkt haben sie sich eingeschlichen und festgesetzt in unserem Unterbewusstsein. Sie werden Gesetz und Wahrheit und kaum hinterfragt. Doch gerade das ist so wichtig – sich zu fragen: Stimmt denn das, was wir da so glauben?

Geld macht nicht glücklich. Wirklich? Macht es denn glücklich, kein Geld zu haben? Hinterfrage ich den Glaubenssatz, wird sehr schnell klar: Natürlich macht Geld glücklich. Denn es gibt mir etwas sehr Wertvolles: Freiheit. Und Freiheit ist letztlich ein großes Glück. Ergo: Geld macht glücklich!

Geld verdirbt den Charakter. Wirklich? Sind alle wohlhabenden oder reichen Menschen dann charakterlos? Bill und Melinda Gates und Warren Buffet haben 2010 gemeinsam die Initiative *The Giving Pledge* gestartet. Die Initiative lädt die vermögendsten Menschen auf der ganzen Welt ein, von ihrem Reichtum den Großteil für das Gemeinwohl zu spenden. Zum gegenwärtigen Zeitpunkt, da ich dieses Buch schreibe, haben sich bereits

168 Milliardäre aus 21 Ländern angeschlossen mit dem gemeinsamen Ziel, mit ihrem Vermögen überall auf der Welt zu helfen. Charakterlose Schurken? Natürlich nicht. Geld verdirbt nicht den Charakter. Bösewichte und gute Menschen tummeln sich gleichermaßen sowohl unter Armen als auch Reichen. Ein reicher Bösewicht war auch schon böse, bevor er zu Reichtum kam, ein edler Reicher war ebenfalls bereits mit gutem Geist ausgestattet, bevor er reich wurde. Bei den Bösen mögen die Milliarden möglicherweise das Böse noch sichtbarer machen, und genauso können die Guten noch sichtbarer werden, wenn sie mit ihren Milliarden Gutes tun. Es gibt noch zahlreiche andere Beweise dafür, dass Geld Gutes bewirkt. Wir müssen nur aufmerksam hinschauen.

Ich selbst habe auch in Deutschland viele beeindruckende reiche Leute kennengelernt. Einmal begleitete ich im Rahmen eines Interviews zu meiner Sendung *Life! Die Lust zu leben* den Hamburger Milliardär und Unternehmer Michael Otto des gleichnamigen Versandhauses und Familienunternehmens *Otto Versand* einen Tag lang in Hamburg. Was für ein unglaublich bodenständiger Mensch er ist, habe ich da gedacht, welche Werte ihm wichtig sind, wie er seine Kinder erzogen hat und wie er sich durch die Unterstützung zahlreicher Projekte engagiert. Er ist mir äußerst positiv in Erinnerung geblieben. Oder auch der deutsche Babykosthersteller Claus Hipp, ein ganz bescheidener und liebenswerter Mensch, der seinen Hof auch noch selbst mitbewirtschaftet und sich intensiv für die Umwelt, viele Projekte und auch seine Umgebung einsetzt. Es gibt wirklich viele tolle reiche Menschen.

Wir Frauen müssen also unbedingt unser Denkprogramm über Geld neu justieren. Wir müssen diese negativen Glaubenssätze, von deren Wahrheit wir fest überzeugt sind, aufspüren und loswerden. Diese unterbewusst eingeprägten Überzeugungen beeinflussen, ohne dass wir es merken, unsere finanzielle Situation. Wir sind, was wir denken! Die gute Nachricht dabei: Jeder negative Glaubenssatz lässt sich umwandeln in eine kraftvolle und positive Überzeugung, die uns weiter voranbringt im Leben. Und das ist gar nicht mal so schwer. Es fängt alles damit an, dass wir uns Dinge, von denen wir überzeugt sind, bewusstmachen und sie hinterfragen. Und zwar genau so, wie ich es oben bereits mit den beiden Überzeugungen, *Geld macht nicht glücklich* und *Geld verdirbt den Charakter*, gemacht habe. Zwei weitere Beispiele: Eine andere typische Haltung von Frauen zu Geld: *Aus Solidarität mit den Armen möchte ich nicht so viel Geld haben.* Nun gilt es zu hinterfragen: Hilft es den Armen etwa, wenn auch ich arm bin? – Nein, es hilft ihnen nicht. Das Gegenteil ist der Fall: Wenn ich viel Geld besitze, kann ich armen Menschen damit helfen!

Oder: *Geld macht nur Sorgen.* Stimmt das? Hilft Geld nicht eher dabei, Sorgen zu mildern? Ja, das tut es! – Geld mildert Sorgen: Ich kann mit Geld meine Rechnungen, die Miete und Essen bezahlen!

Warum hört man von so vielen Frauen oft den Satz: *Geld ist mir nicht so wichtig*? Das finde ich unbegreiflich, dass man so etwas glauben kann. Unabhängig davon, dass Geld nur zu demjenigen kommt, der es auch liebt, ist die Haltung, Geld sei nicht wichtig, sagenhaft dumm. Geld ist wichtig! Wichtig für die Freiheit. Um Gutes für andere zu tun. Oder damit man, wie bereits gesagt, seine Miete und sein Essen auf dem Teller bezahlen kann! Wenn ich an die immer zahlreicher werdenden alten Menschen denke, die bereits heute gestraft von Altersarmut durch die Städte schleichen und verschämt Mülltonnen nach Pfandflaschen und Essbarem durchsuchen, entsteht in mir ein unbeschreibliches Gefühl der Beklemmung. Geld ist nicht wichtig? Geld ist existenziell ...

Es dämmert also langsam: Geld ist unerlässlich für ein glückliches und sorgenfreies Leben! Und das Schöne: Jede Frau – natürlich jeder Mensch schlechthin – hat die Möglichkeit, etwas für die Verbesserung der finanziellen Situation zu tun. Auch die Frauen, deren Heinz ganz plötzlich ins Gras gebissen hat, und die nun da stehen im bürokratischen Nebel, mit einem Haufen Probleme, gespannter Finanzlage und wenig Ahnung vom Ganzen. Jetzt heißt es, Verantwortung und auch das Steuerrad des eigenen Lebens übernehmen. Der beste erste Schritt auf dieser Reise ins selbstbestimmte Leben: sich schlaumachen über die Welt der Finanzen, die ganz konkrete eigene Situation, die persönlichen Sparmöglichkeiten und die eigenen Wünsche für die Zukunft reflektieren. Und dann anfangen.

Mach dich schlau, Frau!

Es gibt nur eines, was auf Dauer teurer ist als Bildung. Keine Bildung.

JOHN F. KENNEDY

Wie schön, dass Schlaumachen heute so einfach ist! Ein umfangreiches Angebot an guter Literatur, Podcasts, Internetpräsenzen, Blogs auf Instagram oder Facebook, YouTube-Beiträgen, Veranstaltungen und Netzwerktreffs zum Thema Finanzen liegen uns zu Füßen – es ist eine riesige Palette an Möglichkeiten. Ganz speziell für Frauen! Mich begeistert diese Vielfalt absolut. Gerade für Frauen, die komplett bei null anfangen und keinerlei Ahnung haben, sind diese heutigen Möglichkeiten, Wissen zu erwerben oder Tipps und Ratschläge zu bekommen, von unschätzbarem Wert. Das ist etwas, wo ich die sozialen Medien ganz fantastisch finde. Auch gute Apps fürs Smartphone gibt es, zum Beispiel die App SmartMoney, die jede Menge Basiswissen kostenlos zur Verfügung stellt; ab einem bestimmten Lernlevel muss man dann bezahlen, um auf die weiteren Inhalte zuzugreifen. Eine Investition, die sich aber meines Erachtens lohnt, weil man in dieser App alles über Geldanlage, Aktien, Versicherungen oder Sparverträge erfährt. Darüber hinaus bekommt man Spartipps und wird motiviert, etwas zurückzulegen.

Eine ganz tolle Finanz-Seite auf Instagram ist beispielsweise Madame Moneypenny von Natascha Wegelin. Mit einer Leichtigkeit vermittelt Natascha Frauen das komplette Finanzwissen, das ich eins zu eins so teile. Frauen in jeder Lebenslage und jedem Alter finden hier einen riesengroßen Fundus an erstklassigen Tipps, Impulsen, Inspiration, Motivation, Podcasts und Money Talk über die verschiedensten Geldthemen. Das Bemerkenswerte des Moneypenny-Blogs, der erst 2016 entstanden und inzwischen zu einer riesigen Bewegung geworden ist: Nataschas Motivation, andere Frauen vor Abhängigkeit und Unwissenheit zu schützen und sie zu inspirieren, ihr Leben selbst in die Hand zu nehmen, erwuchs aus einer persönlichen Misere. Sie hatte, ohne zu wissen, was sie da eigentlich unterschrieb, eine private Rentenversicherung bei einer Provisionsberatung abgeschlossen und dabei knapp 18.000 Euro in den Sand gesetzt. Statt sich zu grämen, fasste sie kraftvoll den Entschluss: Das passiert mir nie wieder! Sie begann sich schlauzumachen, las alles über Börse, Aktien, Geldanlagen, Investition und Sparen, ETFs, denn das Wichtigste, was diese teure Lektion sie gelehrt hatte, war: Sie musste die Dinge selbst verstehen und vollständig durchdringen, um gute und souveräne Entscheidungen treffen zu können. Da ihr zudem klar war, dass es anderen Frauen genauso gehen musste, gab es für sie ein logisches Ziel: Sie würde ihre Erfahrungen teilen und andere Frauen mit ihrem Wissen unterstützen.

Auch eine private Facebook-Gruppe hat Madame Moneypenny erschaffen, die sich ganz gezielt Finanzfragen widmet. Ein ganz großes Kompliment muss man da wirklich der Community von fast 60.000 Gruppenmitgliedern machen, die in ihrem Austausch erfreulich respektvoll miteinander kommunizieren und sich in allen möglichen persönlichen Finanzthemen gegenseitig fantastisch unterstützen. Großartig, kann ich nur sagen! So stelle ich mir kraftvolle Netzwerke unter Frauen vor!

Es gibt noch viele weitere tolle Inhalte zum Thema, die auch ein großes Lob verdienen und für jede Frau zugänglich sind – die *finanzheldinnen* auf Instagram zum Beispiel oder die Website *Finanzglück.de*. Doch auch noch ganz viele weitere engagierte Frauen sind da draußen, die wunderbare Arbeit leisten, um andere Frauen erfolgreich und so schnell wie möglich in die Unabhängigkeit zu bringen. Das Wissen und die Informationen, die Frauen brauchen, um durchzustarten, sind da! Sie müssen nur zugreifen!

Sparpotenzial – größer als man denkt!

*Die Menschen verstehen nicht,
welch große Einnahmequelle in der Sparsamkeit liegt.*

MARCUS TULLIUS CICERO

Mit der richtigen Runderneuerung der eigenen Haltung zu Geld und all diesem so gut zugänglichen Finanzwissen heißt es jetzt: Überblick verschaffen über die eigene Situation, sprich Bestandsaufnahme sämtlicher monatlichen Einnahmen sowie fixer und variabler Ausgaben, um ganz präzise zu ermitteln, wo man überhaupt steht mit seinen Finanzen, und was man sparen kann. Auch wenn es jetzt altmodisch klingt – unschlagbar ist hier wirklich das gute alte Haushaltsbuch. Denn nur dort lassen sich wirklich alle Ausgaben erfassen. So viele kleine Beträge gibt man hier und da im Laufe eines Monats aus. Diese Beträge, die variablen Kosten, sind es meistens auch, die ein riesiges Einsparpotenzial bergen – allein ein Haushaltsbuch kann sie wirklich sichtbar machen. Mein Tipp: eines der zahlreichen kostenlosen digitalen Haushaltsbücher im Internet oder als App für das Smartphone runterladen und zunächst einmal drei Monate lang sorgfältig führen. Natürlich geht auch ein ganz einfaches herkömmliches Notizbüchlein, in das von Hand alle Posten hineingeschrieben werden. Ganz gleich, welche Variante man bevorzugt, das Entscheidende ist: Loslegen und es machen!

Nach drei Monaten digitaler Schwarz-auf-weiß-Notizen im Haushaltsbuch folgt dann vermutlich das große Staunen. Wie viele Coffee to go hat man in dieser Zeit verkostet? Wie viele schnelle belegte Brötchen rasch beim Bäcker gekauft? McDonald's, Pizza Blitz & Co.? Und es folgt der Ruf der Verwunderung: So viel Mist macht dieses Kleinvieh? Ein Sparpotenzial, das wohl niemand vermutet hätte! Und zweifellos auch der beste Impuls, sein Kauf- und Konsumverhalten einmal grundlegend zu reflektieren.

Ich kauf mir was! – Brauch ich das?

Arm ist nicht, wer wenig hat, sondern wer viel braucht.

PETER ROSEGGER

Was den Konsum betrifft, fördert das Haushaltsbuch nicht nur großes Sparpotenzial zutage. Das geweckte Bewusstsein, was man da Tag für Tag so alles kauft, macht nachdenklich. Denn der Konsum hierzulande ist extrem. Er reißt ja nicht nur erstaunliche Löcher in den eigenen Geldbeutel, sondern belastet auch sehr unseren Planeten. Was dies betrifft, bin ich inzwischen wesentlich sensibler als früher. Gar keine Frage, das ist ein weiteres Geschenk des reiferen Alters: Achtsamkeit. Während ich früher oft unachtsam aus dem Vollen geschöpft habe, gehe ich heute sehr viel achtsamer durch mein Leben. Noch längst nicht bin ich perfekt, immer noch arbeite ich an meinem eigenen Konsumverhalten. Doch es macht mir Freude, sorgfältiger mit den Ressourcen unserer Erde umzugehen und dazuzulernen, besser zu werden und auch andere zu motivieren, ebenfalls etwas beizusteuern, damit die Welt ein lebenswerter Ort bleibt.

Wenn wir alle ein bisschen weniger konsumieren, dann wird die Welt aber nicht nur besser, sondern unser Geldbeutel auch voller. Mit der Entwicklung des zunehmenden Wohlstands haben wir Menschen das Maß vollkommen verloren. Es ist ein fragwürdiger Konsumwahn. Immer mehr von allem. Immer was Neues. Produzieren, konsumieren. Immer mehr und immer weiter.

Ich erinnere mich, dass es zur Zeit meiner Kindheit einmal in der Woche Fleisch gab. Das hat uns nicht nur nicht geschadet, sondern im Gegenteil, es hat uns und der Welt viel besser getan. Hier hat ein bewusster Umgang nur Vorteile. Ein reduzierter Fleischkonsum schützt Umwelt und Gesundheit und schont den Geldbeutel.

Wir müssen wirklich unser Konsumverhalten eingehend unter die Lupe nehmen. Stellen wir uns die konkrete Frage: Was brauche ich wirklich? Wo kann ich vielleicht Geld sparen und zugleich der Umwelt etwas Gutes tun? Es gibt zahlreiche Beispiele. Der bereits erwähnte fürchterliche und fragwürdige Coffee to go ist ein solches Beispiel. Wozu, zum Teufel, brauchen wir einen Coffee to go? Früher haben wir uns zum Kaffeetrinken ins Café gesetzt oder die gute alte Thermosflasche genutzt, wenn wir unterwegs Kaffee trinken wollten. Auch heute gibt es Thermosbehälter in allen möglichen Größen und Ausführungen zu kaufen. Und ist ein selbstgebrühter Kaffee aus einem schönen Thermosbecher nicht eigentlich unschlagbar verglichen mit einem Papp- oder Plastikbecher-Kaffeegebräu? Wie viele Silberlinge verschluckt monatlich dieser sinn- und kulturlose Coffee to go! Und wie viel Müll produzieren all diese Einwegbecher? Jedes Jahr landen fast 3 Milliarden Einwegbecher im Müll! Oder wie steht es um das tägliche Brötchen vom Bäcker auf dem Weg zur Arbeit? Braucht man das wirklich? Das gute alte Butterbrot in einer schönen Frühstücksbox sollte endlich eine Renaissance erleben. Eine beträchtliche Summe kommt da zusammen – jede Wette! Und die Umwelt atmet auf.

Ebenfalls mit mehr Bewusstsein kann man Kleidung kaufen. Es müssen nicht immer die teuersten Klamotten oder die Designer-Handtasche sein. An erster Stelle sollte ohnehin die Frage stehen: Brauche ich das überhaupt? Es geht natürlich nicht darum, sich gar nichts mehr zu gönnen. Doch etwas mehr Bewusstsein tut auf jeden Fall gut. Auch in einer Second-Hand-Boutique kann man so manches günstige schöne Schätzchen finden.

Dass Mode für Frauen erschwinglich ist, darauf lege ich auch bei meiner eigenen Mode-Kollektion von ADLER wert, deren Markenbotschafterin ich ja schon lange bin. Was ich tue, möchte ich mit gutem Gewissen und Verantwortung tun. Man kann heute so leicht Schulden machen, so leicht wird man zum Konsum verführt. Kostenlose Kredite, Ratenzahlungen – man ist so schnell im Minus. Meine Gedanken, Tipps und Impulse in diesem Buch sollen beitragen zu verhindern, dass genau das Frauen passiert. Ich möchte Möglichkeiten aufzeigen und Mut machen, sie zu ergreifen. Mir fallen zahlreiche Gründe ein, warum gerade ich andere Frauen in diesem Thema so gut unterstützen kann. Der bedeutsamste Grund ist vielleicht, dass ich beim Thema Geld schon in jungen Jahren vieles vielleicht ganz unbewusst richtiggemacht und auch ganz klein angefangen habe. Ich glaube, ich bin einfach ein gutes Exempel, wenn es darum geht, sichtbar zu machen, was man alles schaffen kann. Mein konsequentes Hinterfragen von sogenannten Wahrheiten, das unbedingte Festhalten an meinem Traum und natürlich auch meine Flausen im Kopf haben bereits, als ich ein Kind war, das kraftvolle Fundament gelegt für meinen gesamten Lebensweg.

Folge deinen Träumen!

Nur wer sein Ziel kennt, findet den Weg.
LAOTSE

Für meine Eltern – verzeiht mir bitte – war es damals nicht immer leicht, dass ich in meiner Kindheit und Jugend so viele Flausen im Kopf hatte. Mir hingegen haben diese Flausen, sprich meine Widerspenstigkeit, auf meinem Lebensweg sehr geholfen. Durch sie war ich aufgeweckt, neugierig, ja, auch unbequem und rebellisch. Ich habe vieles hinterfragt und genau beobachtet. Das war einfach meine Natur, und so konnte man mir auch seltsame Glaubenssätze nicht so einfach unterjubeln. Im Hinterfragen war ich eine Weltmeisterin.

Dass Geld nicht wichtig ist, hätte mir schon damals niemand weismachen können. Aber nicht nur, weil ich solche Glaubenssätze hinterfragte. Nein, auch weil ich aus einfachen Verhältnissen kam. Ich hatte nach dem Auszug aus meinem Elternhaus zunächst nur sehr wenig Geld, was auch noch eine lange Zeit so bleiben sollte, und mir wurden die Folgen dieses Mangels in manchen Lebensphasen bewusst. So war der Weg zu meinem Kindheitstraum *Ich will ins Fernsehen* nicht einfach. Für ein kleines Mädchen vom Land in den 60er und 70er Jahren war sowas ohnehin nicht vorgesehen.

Eine junge Frau, aus der ‚was werden' sollte, wurde Kindergärtnerin, Bankangestellte oder vielleicht – das war wirklich das Höchste der Gefühle – Lehrerin. Ich wurde Rechtsanwalts- und Notargehilfin und zog, obwohl die Tätigkeit mir keinen Spaß machte, die Ausbildung durch – mit meinem Traum behutsam verwahrt in der Warteschleife. Und dann war die Zeit reif für meinen ersten Schritt in das Leben, das ich für mich entworfen hatte. Heimlich bewarb ich mich beim WDR als ‚Egalwas'. Für eine Tätigkeit im Büro des WDR müsste mein Ausbildungszeugnis doch reichen? Oder für andere Hilfsarbeiten, Botendienste, die Kantine. Egal was. Der letzte Satz in meiner Bewerbung: *Ich muss unbedingt bei Ihnen arbeiten!* Wenn das mal kein Notfall war! Grob fahrlässig, da nein zu sagen. Tatsächlich lud man mich zum Gespräch und verabschiedete mich – Bingo – mit einem Vertrag als Stenokontoristin. Ich hatte den Fuß in der Tür und war wahnsinnig glücklich. Nun würde ich Nehden verlassen und nach Köln ziehen.

Meine Eltern waren entsetzt und litten sehr. Auch wenn ich ihnen nicht wehtun wollte, es war mein Leben. Ich suchte mir ein Zimmer in Köln, meine Mutter weinte fast, weil sie nicht verstand, wie ich in einem solchen Zimmer wohnen konnte: 12 ärmliche Möbliert-Quadratmeter, ein kleines Waschbecken ohne Warmwasser. Die Dusche im Keller, das Klo eine Etage tiefer – doch mir war das alles egal. Eisern verfolgte ich mein Ziel.

Meine ersten fünf Kölner Jahre waren die härtesten. Ich verdiente nicht sehr viel und steckte fast mein ganzes Geld in Schauspiel- und Sprechunterricht – übrigens eine weise Entscheidung für jede Frau, solche Prioritäten zu setzen und in sich selbst zu investieren, das sogenannte Humankapital zu fördern. Und genauso eisern, wie ich mein Ziel verfolgte, genauso konsequent war ich sparsam. Schon in meinem 17. Lebensjahr hatte ich begonnen, konsequent von meinem verdienten Geld 10 Prozent zu sparen, auch wenn es mir oftmals sehr schwerfiel. Dies tat ich weiterhin. Ich hatte die richtigen Prioritäten gewählt. Ich sparte einen Teil meines Geldes und gab einen weiteren großen Teil in meine Weiterbildung. So hatte ich zwar kaum etwas übrig am Monatsende, aber ich wusste, es war ja nicht für immer. Auch wenn mein Grundnahrungsmittel zum Frühstück Brote mit Butter und Zuckerstreuseln waren und abends Nudeln mit Ketchup, so spürte ich jeden Tag, dass ich auf dem richtigen Weg war. Um einigermaßen über die Runden zu kommen, erledigte ich in privaten Abendschichten bei einem Notar Kostenrechnungen. Ich hatte einen Wahnsinnsehrgeiz, mein Ziel zu erreichen. Ich wollte es einfach schaffen. Alle 14 Tage fuhr ich heim nach Nehden. Hungrig und mit einem Sack voll Wäsche. Ich bin heute noch sehr dankbar, dass meine Eltern mich immer unterstützten trotz ihres Unverständnisses für mein gewähltes Leben. Ich machte meine Wäsche, plünderte den Kühlschrank, verbrachte etwas Zeit mit meinen Eltern, versuchte ins sorgenvolle Gesicht meiner Mutter ein Lächeln zu zaubern und brach wieder auf in meine neue Welt.

Was ich hier deutlich machen möchte: Gerade, wenn man wenig Geld hat, muss man Wege wählen, die das wenige Geld optimal vermehren. Und sollten Sie zu den Geringverdienern gehören: Der Staat beteiligt sich in den meisten Fällen an Ihrem Sparvertrag mit 20 % Arbeitnehmerzulage (vermögenswirksame Leistungen). Ich sage immer: das Geld muss Junge kriegen. Ich habe dies getan, indem ich schon in ganz jungen Jahren Geld zurücklegte. 10 Prozent vom Gehalt sind schon eine gute Orientierungsgröße, auch wenn man nicht so viel hat. Das weiß ich einfach aus Erfahrung. Das wären beispielsweise bei 2.000 Euro 200 Euro. Und wer weniger hat, spart halt weniger. Auf die Konsequenz kommt es an. Ich weiß, dass man das mit Disziplin kann. Und gerade für Frauen kann diese Disziplin im Alter der wahre Segen sein. Direkt zum Start des Berufslebens auf diese Weise vorzusorgen ist natürlich am besten, denn je früher man anfängt, desto höher ist der Ertrag. Doch auch in späteren Lebensjahren oder wann auch immer und wie viel auch immer gespart werden kann – Frauen, spart! Und vor allem, spart klug und richtig!

Klug und richtig sparen bedeutet auch, dass man einen sehr häufigen Fehler nicht macht: bei höher werdendem Einkommen den Luxus erhöhen. Immer wieder machen Menschen den Fehler, dass sie nach einer Gehaltserhöhung auch gleichzeitig mehr konsumieren. Dann muss gleich das größere Auto her, die größere Wohnung, der tolle Luxusurlaub. Besonders klug ist das nicht. Besser wäre es, von jeder Gehaltserhöhung die Hälfte wegzulegen und zu sparen und sich von der anderen Hälfte etwas zu gönnen. Wer seinen Lebensstandard relativ gering hält und niemals über seine Verhältnisse lebt, sorgt dafür, dass später statt böser Überraschungen die große Freiheit auf ihn wartet. Das bedeutet konkret, das Geld runter vom Konto oder Sparbuch und investieren. Am besten in einen ETF-Indexfonds (Exchange Traded Funds), zum Beispiel den MSCI World mit unterschiedlichen weltweiten Aktien; diese Aktien haben in den letzten 30 Jahren immer zwischen 6 und 8 Prozent Gewinn gemacht. In einen solchen Aktiensparplan kann man auch investieren, wenn man wenig Geld hat. Ich glaube, viele Frauen wissen es einfach nicht, doch bereits mit 25 Euro kann man dabei sein und dafür monatlich immer die entsprechenden Anteile zukaufen. Wer damit startet, erkennt schnell: Sparen macht Spaß! Und Sparen heißt übrigens nicht nie mehr shoppen gehen oder sich nie mehr was gönnen. Mit der richtigen Strategie kann man das immer noch, und vor allem: im späteren Leben erst recht!

Sparen im Alltag – Tipps & Tricks

**Meine Mittel will ich so verwalten,
dass wenig weit soll reichen.**

WILLIAM SHAKESPEARE

Sparen macht also Spaß, das stimmt. Es kann wie eine kleine spannende Challenge sein, zu überlegen, wie und wo man im Alltag überall sparen kann. Die nachfolgende kleine Liste mit Tipps und Tricks fürs Sparen im Alltag soll eine kleine Inspiration sein und Bewusstsein schaffen für die Vielfalt der Möglichkeiten. Es gibt unzählige weitere Tipps. Viele Anregungen bietet natürlich wie immer auch das Internet.

Hier nun mein kleines Päckchen Inspiration:

Reihenfolge beim Geldsparen

Bei fast alle Menschen sieht der Ablauf gleich aus:
Gehalt bekommen – Verbindlichkeiten bezahlen – konsumieren – Rest sparen.
Das ist falsch! Denn in den meisten Fällen wird es diesen ‚Rest', der gespart werden kann, so nicht geben. Daher:
Gehalt bekommen – Sparbetrag zur Seite legen („sich selbst bezahlen') – Verbindlichkeiten bezahlen – konsumieren.

Haushaltsbuch

Ein Haushaltsbuch – heutzutage ja auch als App verfügbar – macht immer Sinn, nicht nur zur Bestandsaufnahme. Denn es garantiert einen kontinuierlichen Überblick über die stets aktuelle Finanzlage. Das ist die Voraussetzung für jeden Sparakt überhaupt.

„Budget-Briefumschläge" – Budget-Apps

Eine perfekte Maßnahme, um den Überblick zu behalten, Disziplin zu lernen und nicht über seine Verhältnisse zu leben: Budget-Apps zur Ausgabenplanung variabler Kosten. Früher als ich jung war, hatte ich dafür Briefumschläge, in die zum Monatsstart fest geplantes Budget für Kosten verschiedener Bereiche kam, zum Beispiel Kinogeld, Klamottengeld, Restaurantgeld, Süßigkeitengeld etc. Wenn das Monatsgeld alle war, dann war es halt alle. Im nächsten Monat war es ja wieder soweit und die Umschläge wurden neu gefüllt. Eine starke Maßnahme, die sich lohnt! Heute gibt es entsprechende Apps, mit denen man wunderbar sein Geld verwalten kann, doch natürlich kann man auch immer noch Bargeld-Umschläge nutzen.

Gebrauchtwagen statt Neuwagen

Im ersten Jahr verliert ein Neuwagen bereits ein Viertel seines Listenpreises. Warum nicht gleich einen Gebrauchtwagen kaufen? Beim Autokauf auch bewusst nachdenken. Muss ich wirklich den SUV haben, weil alle das machen? Oder reicht für meine Zwecke auch ein kleines sparsames Auto?

Kleinere Wohnung

Wie sieht es beim Wohnen aus? Kann ich vielleicht eine kleinere und günstigere Wohnung beziehen? Manchmal ändern sich Lebensentwürfe und man benötigt gar nicht mehr das energiefressende riesige Familienhaus. Verändern schafft Einsparungen und neue Wege!

Leitungswasser/ Sprudel

Unser Leitungswasser ist von perfekter Qualität. Und es ist auch sehr viel günstiger als gekauftes Flaschenwasser. Warum dann noch Kästen schleppen? Warum fragwürdiges Kunststoffflaschenwasser trinken, dessen Behälter auf dem Müll landet und die Plastikberge erhöht? Und wer es sprudelig haben will: Sodastreamer gibt es günstig überall zu kaufen.

Münzen sparen

Ein kleines Sparritual kann auch das Sammeln von Münzen sein. Vielleicht nach jedem Einkauf das Kleingeld sparen? Oder 5-Euro-Scheine sparen? Es gibt hier für jeden eine passende Variante, um Kleingeld zu sparen.

Essensreste einfrieren

Die Lebensmittelverschwendung in unserem Land ist inzwischen bei jedem angekommen. Warum nicht bewusst etwas dagegen tun und zugleich sparen? Zum Beispiel Essensreste einfrieren und nicht wegschmeißen. Am besten sogar direkt mehr kochen, wenn der Herd einmal an ist. So hat man direkt eine große Portion, die man einfrieren kann.

Backofen nicht vorheizen

Das Vorheizen des Backofens ist eine vollkommen unsinnige Angewohnheit, die nur Strom frisst. Das Geld kann man definitiv sparen.

Abos prüfen

Bin ich im Gym angemeldet, aber gehe nie hin? Habe ich eine Zeitschrift abonniert, die ich nie lese? Oder gibt es sonst irgendwelche sinnlosen Abos, für die ich Geld bezahle? – Unbedingt Kontoverlauf unter die Lupe nehmen, solche Posten ausfindig machen und kündigen.

Versicherungen prüfen

Auch die eigenen Versicherungen sollte man ab und zu auf den Prüfstand stellen. Habe ich vielleicht unsinnige Versicherungen, die ich gar nicht brauche? Bei CHECK24 kann man beispielsweise Vergleiche durchführen. Änderungen können eine ganze Menge Einsparungen bringen.

Stromtarif checken

Zahle ich zu viel für Strom? Ein Vergleich der Anbieter bringt es ans Licht. Wer jedes Jahr neu vergleicht und den Anbieter wechselt, spart am meisten!

Standby-Falle

Geräte im Standby fressen Strom! Unbedingt ausschalten! Vielleicht Steckdosen mit Schalter einsetzen, die man gezielt komplett ausschalten kann.

Handyvertrag

Ist mein Handyvertrag zu teuer? Auch hier lohnt regelmäßiges Vergleichen. Es gibt inzwischen so unschlagbar günstige Tarife. Hier ist zunächst das eigene Telefonverhalten zu ermitteln. Dann den dazu passenden günstigsten Tarif/Anbieter wählen.

Vorsicht Sale!

Sale ist günstig – keine Frage. Doch im Endeffekt oft teurer. Denn weil es so billig ist, kaufen die Menschen viel mehr. Und vor allem ganz viel Zeug, das sie gar nicht brauchen. Das kenne ich aus eigener Erfahrung. So oft habe ich auf Messen zum Einkaufspreis viel Unsinn gekauft. Natürlich habe ich mich geärgert, als die Rechnung kam – doch ich kann nur sagen: selbst schuld …
Daher lieber, wenn man eine Sache wirklich braucht, diese dann ganz regulär kaufen. Aber auch nur diese eine Sache, sonst nix.

Kreditkartengebühren

Welche Gebühren muss ich eigentlich in Verbindung mit meinem Konto zahlen? Hier gibt es bei den Banken große Unterschiede. Werden Gebühren erhoben? Für Kontoführung? Für Kreditkarten? Sonstiges? Ein Vergleich der Angebote lohnt sich auch hier.

Bar bezahlen

Auch bar zahlen ist vorteilhaft. Es ist ein anderes Gefühl, ob man die Karte benutzt oder wirklich das Geld in den Händen hat, das man nun ausgibt. Bargeldzahlungen laufen mit mehr Vorsicht und Bewusstsein ab als Kartenzahlungen.

Niemals das Konto überziehen

Kontoüberziehen kostet Geld und führt oft in eine Schuldenfalle, aus der man nur schwer wieder herauskommt. Daher am besten gar nicht so weit kommen lassen und direkt den Dispokredit bei der Bank löschen, damit sowas gar nicht erst passiert.

Werbung blocken/Newsletter abbestellen

Werbung ist immer und allerorts aktiv, um uns zu verführen. Und das recht erfolgreich. Daher den Kontakt mit Werbung so gut es geht vermeiden, zum Beispiel Newsletter abbestellen, Briefkastenwerbung blocken.

No-Name-Produkte kaufen

Marken bedeuten nicht zwangsläufig bessere Produkte. No-Name-Produkte haben in der Regel dieselbe Qualität, dies aber zu einem wesentlich günstigeren Preis. Hier einfach vorher mal schlaumachen im Internet. Es gibt zu fast allem eine Fülle an Infos, Tests und Vergleichen.

Coffee to go

Braucht kein Mensch: Coffee to go. Hier liegt ein riesiges Sparpotenzial, wenn man sich vor Augen führt, wie viele dieser Coffee to go täglich über die Ladentheke gehen. In meinen Augen eine wirklich total sinnlose Geldausgabe.

Frustshoppen

Damit kenne ich mich bestens aus. Früher war ich Weltmeister darin – wenn mir eine Laus über die Leber gelaufen war, ging ich shoppen. Es versteht sich von selbst, dass ich keinen meiner erworbenen Artikel wirklich brauchte. Und glücklich machen die Dinge auch nicht. Also am besten: Einfach sein lassen und lieber anders die Frustseele belohnen. Ein schönes Bad nehmen, Musik hören, einen Film anschauen, ins Kino gehen oder ein bestimmtes Essen genießen ... all das ist viel schöner und viel günstiger.

Minimalismus leben und teilen

Eine wunderbare Möglichkeit zu sparen ist es, mit weniger zu leben und Dinge zu teilen. So viele Dinge besitzt der Mensch, die er überhaupt nicht braucht. Hier lohnt Inventur: Was kann ich zum Beispiel auf eBay verkaufen? Was kann ich spenden und verschenken? Was habe ich, das ich mit anderen Menschen teilen kann – Gartengeräte, Auto, Partyzelt, Biertische usw.

Es gibt noch unzählige weitere Tipps und Tricks, wie man Geld sparen kann und in den meisten Fällen dabei der Umwelt auch was Gutes tut. Vielleicht macht diese kleine Auswahl Lust auf mehr? Dann einfach mal einen Spaziergang durchs Internet machen und vielleicht die erste Spar-Challenge mit sich selbst starten!

Investieren – Aktien statt Schuhe

Ich werde Ihnen erklären, wie Sie reich werden.
Schließen Sie die Türen. Seien Sie ängstlich, wenn andere gierig sind.
Und seien Sie gierig, wenn andere ängstlich sind.

WARREN BUFFET

Wo ich da gerade das Wort ‚Aktien' in die Überschrift geschrieben habe, kann ich förmlich fühlen, wie die überwiegende weibliche Leserschaft nach vielleicht anfänglicher positiver Zustimmung in plötzliche Schockstarre fällt. Aktien. Das war doch eins dieser Männerthemen. An der Börse spekulieren und zocken. Voll das Risiko – nur was für harte Männer mit starken Nerven! Da ist sie wieder, die Macht der Glaubenssätze. Und das weibliche Kopfkino geht wieder los.

Wie nimmt man denn nun Frauen die Angst vor Aktien und macht Mut zu starten? Vielleicht, wenn man überlegt, dass zwei Billionen Euro in Deutschland sinnlos auf Sparbüchern liegen, ohne dass man jemals noch Zinsen dafür bekommen wird. Man kriegt nichts dafür! Im Gegenteil sogar, das Geld wird immer weniger wert. Noch schlimmer – Banken verlangen inzwischen sogar ab einer bestimmten Summe Gebühren für das Geld, das man auf dem Konto hat. Strafzinsen. Das heißt, Geld auf der Bank haben, kostet Geld!

Es gibt gar keine Alternative, als zu investieren. Am besten wirklich in Aktien. Nicht in Einzelaktien, sondern in die bereits genannten ETFs, auf die ich später noch genauer eingehen werde. Ich selbst mache dies schon seit 30 Jahren und kenne mich inzwischen bestens aus. Was liegt für mich als Frauenfreundin da näher, als genau wie Natascha Wegelin meine Erfahrungen und mein Wissen mit anderen Frauen zu teilen und Mut zu machen, es mir gleichzutun!

All das, was ich heute weitergeben kann, habe ich über Jahre durch Erfahrungen, eigene Fehler und Schlaumachen erworben. Auch wenn ich bereits als Kind von meinen Eltern lernte, dass man für sein Alter vorsorgen sollte, waren meine Eltern nicht in dem Sinne finanziell gebildet. Das war früher auch nicht unbedingt erforderlich, denn es war ja ganz einfach: Das Geld lag auf dem guten alten Sparbuch und man bekam schöne Zinsen dafür. Das jedoch ist heute nicht mehr der Fall. Also müssen neue Wege her: Sparen durch Investieren ist der Königsweg. Da dieser Weg ein paar Grundkenntnisse benötigt, damit man später seine Früchte auch wirklich ernten kann, ist es unerlässlich, eine gewisse finanzielle Intelligenz zu erwerben. Investieren ist nämlich nicht gleich Spekulieren – das ist ein ganz wichtiger Unterschied, den ich in jungen Jahren lernen sollte, als ich für Fehler, die ich hätte vermeiden können, ein ganz schönes Lehrgeld zahlte.

Es war vor ungefähr 27 Jahren, als ich zum ersten Mal hereinfallen sollte. Auf einen schicken Anlageberater. Einige Zeit nach dem Mauerfall war es, da bot er mir die Beteiligung an einem Einkaufszentrum und eine Eigentumswohnung an. Doch das hochgelobte Zentrum auf dem platten Land im Osten ging pleite. Ich verlor mein Geld und auch die Wohnung verkaufte ich irgendwann mit hohen Verlusten. Ich hab mich wahnsinnig geärgert und mir geschworen: Das passiert dir nie wieder. Dann, Jahre später kam ich in New York mit Geldanlagen in Form von Aktien in Berührung. Durch meinen damaligen Lebensgefährten Erhard Rittinghaus hielt ich mich regelmäßig in Amerika auf und bekam die dortige Aktienkultur mit, die die Menschen für ihre Altersvorsorge nutzten. Jeder hatte Aktien und auch jeder sprach über Geld. Natürlich fand ich das toll und dachte mir, das mache ich auch. Völlig ahnungslos folgte ich dann zur Zeit des Neuen Marktes blind den Ratschlägen von Kollegen und kaufte zwei Aktien: Informatik und EM.TV. Jeder hatte EM.TV, deren Unternehmenswert nach dem Börsengang 1997 bis zum Jahr 2000 tatsächlich sprunghaft anstieg – von einem ursprünglichen Ausgabepreis von umgerechnet 35 Cent stieg die Aktie auf sage und schreibe 120 Euro. Doch dann startete aufgrund verschiedener Unternehmensfehler der große Fall. Ich verlor alles. Jetzt war ich also zum zweiten Mal auf die Nase gefallen und ganz und gar selbst schuld. Es heißt nicht umsonst: Gier frisst Hirn, und das war damals bei mir und auch bei vielen anderen absolut der Fall.

Ich war diese Fehler absolut selbst schuld. Heute würde es mir nie mehr passieren, dass ich beispielsweise eine Immobilie kaufe, die ich nur in einem schönen Prospekt zu sehen bekomme. Und niemals mehr würde ich mich bequatschen lassen, irgendwelche einzelnen Aktien zu kaufen, weil alle es machen und es angeblich der super Geheimtipp ist. Dies nämlich ist risikoreiches Spekulieren.

Heute kümmere ich mich sorgfältig um meine Finanzen, ich mache mich schlau, lese und informiere mich. Deshalb weiß ich auch, man muss investieren und statt Einzelaktien-Spekulation in einen kostengünstigen Aktienfonds sparen, der verschiedenste Aktien enthält und das Risiko breit streut.

Und noch was habe ich gelernt: Die Sache macht Spaß! Es macht Freude, sich damit zu beschäftigen. Auch ein paar Crashs habe ich inzwischen erlebt, und beim ersten Crash, da war ich noch sehr nervös. Mittlerweile lässt mich das ganz kalt, weil ich natürlich in Crashzeiten für mein Geld, das ich investiere, viel mehr Anteile bekomme, und weil ich weiß: Die Börse geht immer nach oben. Es gibt immer Einbrüche, doch letztendlich geht es langfristig immer nach oben. Und gerade wenn man jung ist, wenn man viel Zeit hat, dann ist es meines Erachtens in der heutigen Zeit ein absolutes Muss, in die Aktien zu investieren. Ich habe meinem Sohn auch früh finanzielle Intelligenz beigebracht, und ich denke, dass er die Fehler, die ich gemacht habe, wahrscheinlich niemals machen wird. Ich hatte niemanden, der mir das beigebracht hat. Meine Eltern hatten gar kein Geld und keine Kenntnisse, und so musste ich mich an dieses Thema selbst herantasten. Doch ich sehe auch meine Fehler positiv. Durch Fehler lernt man am intensivsten, und vielleicht kann ich ja mit meinen Erfahrungen jetzt anderen helfen.

Gerade die Frauen, die nicht so viel Geld haben, spreche ich hier besonders an. In Aktien zu investieren kann günstiger sein als der Kauf von einem Paar Schuhe, denn schon ab 25 Euro monatlich kann man beispielsweise in den DAX, den Deutschen Aktienindex mit den 30 wertvollsten deutschen Unternehmen, investieren. Klar, man kann die 25 Euro auch in den Sparstrumpf stecken und den dann unterm Kopfkissen verwahren. Doch das Geld soll ja

Junge kriegen, wie ich immer so gern sage. Nur, bei Geld fruchtet die Vermehrung im Bett nicht so geschmeidig wie bei anderen Dingen. Bei der Investition in Aktienfonds, langfristig angelegt, bekommt das Geld aber sehr wohl Junge. Im Rechenbeispiel anschaulich gemacht: Wer in den letzten 10 Jahren jeden Monat 25 Euro unters Kopfkissen gelegt hat, kann sich am Ende über rund 3.000 Euro Gespartes freuen, liegt nachts mit dem Kopf schließlich ein kleines bisschen höher und hat vielleicht mit der Zeit Nackenschmerzen. Wer in den letzten 10 Jahren diese 25 Euro aber in den MSCI World investiert hat, kommt auf eine Summe von durchschnittlich 5.200 Euro und hat zudem wahrscheinlich gesund geschlafen.

Ich kann es nur immer wieder betonen: Heute sind Investitionen in gute Aktienfonds oder ETFs ganz einfach die allererste Wahl, wenn man wirklich erfolgreich etwas für die Altersvorsorge oder einfach für die Vermehrung des Ersparten tun möchte. Dennoch bezeichnen viel zu viele Menschen Aktien immer noch als Teufelszeug. Sie stellen sich den Zocker an der Börse vor, der auf Risiko spekuliert wie im Casino. Wieder ein Glaubenssatz, der unbedingt auf großem Katapult über Bord geschleudert werden muss. Denn ich spekuliere mit Aktien schließlich nicht, ich investiere. Und dies mit ETFs auf die risikoärmste Weise, die es gibt. Das ist ein entscheidender Unterschied.

Zum Vermögensaufbau ist dies ganz einfach der richtige Weg. Doch besonders Frauen schrecken hierzulande davor zurück; es sind gerade mal 9,5 Prozent der Frauen, die in Deutschland Aktien halten. Bei den Männern sind es mit 21 Prozent eigentlich auch erstaunlich wenig. Dabei sind Aktien lukrativ, im Gegensatz zum Sparbuch oder der Lebensversicherung, die in Zeiten der Niedrigzinsen nichts einbringen.

Vielleicht macht es Frauen ja Mut zu lesen, dass sie Studien zufolge zwar leider seltener investieren als Männer, aber dafür viel erfolgreicher. Sie überschätzen sich nicht und gehen keine waghalsigen Risiken ein. Ebenfalls Mut machen sollte die Tatsache, dass in der gesamten Geschichte über einen langfristigen Horizont gesehen niemals Geld verloren wurde. Im Schnitt waren es, ich schrieb es bereits, immer bis zu 8 Prozent Gewinn! Und erlebt man dann irgendwann einmal die Zeit eines Crashs, lässt mich das mittlerweile vollkommen kalt, weil ich monatlich in ETFs und Aktienfonds einzahle, und wenn die Kurse fallen, bekomme ich für mein Geld natürlich mehr Anteile – das ist der sogenannte *Cost-Average-Effekt*, also der Mittelstandswert. Deswegen plädiere ich immer für monatliche Einzahlungen, die schon ab 25 Euro möglich sind. Wichtig ist allein, nicht die Nerven zu verlieren, weil der Kurs in den Keller stürzt. Vielmehr helfen ein abgeklärtes buddhistisches Lächeln und dann zurücklehnen und ein elementares Kriterium des eigenen Sparplans nicht vergessen: die Langfristigkeit der Anlage. Nach 10 bis 15 Jahren gibt's Junge. Jede Wette!

Eiskalte Fakten: Investieren statt Sparen!

Manchmal ist es besser, eine Stunde über sein Geld nachzudenken, als eine Woche dafür zu arbeiten.

ANDRÉ KOSTOLANY

Statistiken zeigen, dass Europäer lieber sparen als investieren und Deutschland ist in Europa neben Österreich das einzige Land, in dem Sparleistungen aus dem Arbeitseinkommen zum Vermögensaufbau beitragen. Es scheint, als führen die kulturellen Unterschiede dazu, dass das Streben nach Sicherheit und Liquidität in Deutschland besonders ausgeprägt ist.

Aber: Sparen macht arm … Wie kann das sein? In Zeiten von Inflation und Niedrigzins verringert sich unsere Kaufkraft, wenn wir sparen und so erleiden private Haushalte durch die Geldentwertung hohe Verluste. Die Angst vor den Kapitalmärkten, der Vertrauensverlust, der hier herrscht, scheint in Europa so groß zu sein, dass lieber die Wahl zum Sparen getroffen wird, obwohl damit unweigerlich Geld verloren wird.

Ein perfektes Beispiel aus dem Alltag, das den riesigen Unterschied zwischen Sparen und Investieren fantastisch sichtbar macht, begegnete mir neulich, als ich mal wieder diverse soziale Medien nach Money-Posts durchstöberte: das Eisbeispiel:

2002 war der Preis für eine Kugel Eis 60 Cent. 17 Jahre später, 2019, kostete die Kugel Eis bereits mehr als das Doppelte: 1,50 Euro. Das sind sage und schreibe 150 % Preisanstieg!

Stellen wir uns nun einmal vor, man hätte uns 2002 zwei Optionen für den damaligen Preis der Eiskugel angeboten: Statt drei Eiskugeln zu essen, hätten wir nur zwei gegessen und das Geld für die dritte gespart oder investiert.

Option 1: Hätten wir seit 2002 gespart, dann hätten wir im Jahr 2019 bei einem durchschnittlichen Zinssatz von circa 1,53 % pro Jahr ein Vermögen von € 0,78.

Option 2: Hätten wir dagegen seit 2002 die 60 Cent investiert, dann hätten wir im Jahr 2019 bei einer durchschnittlichen Rendite vom DAX 30 ETF von circa 8,03 % pro Jahr ein Vermögen von € 2,23.

Wenn wir uns 2002 fürs Sparen entschieden hätten, könnten wir nun eine halbe Kugel Eis von unserem Geld kaufen.

Wenn wir uns 2002 fürs Investieren entschieden hätten, könnten wir heute eine ganze Kugel Eis kaufen und hätten noch € 0,73 übrig!

Ich denke mal, dieses Beispiel zeigt sehr deutlich, dass finanzielle Absicherung nicht übers Sparen läuft, sondern die Angst vorm Investieren überwunden werden muss. Frauen, legt euer Geld an, wie viel oder wie wenig auch immer!

Mythen über Aktien

Habe Mut, dich deines eigenen Verstandes zu bedienen.
IMMANUEL KANT

Jetzt noch mal kurz und kompakt die drei hartnäckigsten Mythen – auch das sind natürlich Glaubenssätze – über Aktien in einer Zusammenschau:

Man muss doch reich sein, um Aktien zu kaufen! – Falsch! Bereits mit 25 Euro ist man dabei und kann sinnvoll in einen Aktienfonds investieren.

Das ist doch alles viel zu riskant! – Falsch! Wenn die langfristige Investition mit einem garantierten Ertrag ein Risiko ist, was ist denn dann, Geld nicht zu investieren und jedes Jahr von diesem Geld 2 Prozent zu verlieren durch Inflation. Das ist doch viel schlimmer und das größte Risiko überhaupt. Die Inflation ist ein Fakt. Nur durch kluge Investition lässt sich ein Geldverlust durch Inflation vermeiden. Nichtstun ist sogar noch schlimmer: Denn nicht nur den zweiprozentigen jährlichen Inflationsverlust gilt es zu bedenken, sondern auch, dass dem Zögerer Opportunitätsgewinne von bis zu 8 Prozent durch die Lappen gehen.

Das kostet ja alles so viel Zeit! – Falsch! Einmal in Gang gebracht, läuft die Sache ganz automatisch. Zu Beginn ist ein gewisser Zeiteinsatz unerlässlich, denn ohne Schlaumachen geht es nicht. Dieses Schlaumachen ist jedoch heute sagenhaft einfach. Und ist dann alles in trockenen Tüchern und der langfristige Sparplan eingerichtet, reicht einmal im Jahr ein Stündchen Sparplan-Check, ob alles perfekt justiert ist.

ETF – ein Sparplan, der rockt!

Erfolgreiches Investieren benötigt Zeit, Disziplin und Geduld. Unabhängig davon, wie groß Dein Talent oder Deine Anstrengungen sind, einige Dinge brauchen einfach Zeit: Man kann kein Kind in einem Monat bekommen, indem man 9 Frauen schwängert.

WARREN BUFFET

Ein paarmal ist es nun schon gefallen, das Wort ETF – Exchange Traded Funds. Und ich kann mir gut vorstellen, dass die eine oder andere Leserin noch nie was von ETFs gehört hat – und sich natürlich zugleich fragt, wie das denn sein kann, wenn das so was Tolles ist. Warum bietet beim Bankgespräch in der Filiale kaum ein Berater Sparern sowas an und informiert darüber? Ganz einfach, weil es nur für den Sparer ein Sparplan ist, der rockt! Denn dem Bankberater bringen die kostengünstigen ETF-Anlageformen nichts, weil sie für ETFs kaum Provision bekommen. Eher versuchen sie, klassische Aktienprodukte an den Kunden zu verkaufen, die fünf oder sogar mehr Prozent Verkaufsprovision einbringen und dazu noch eine prozentuale jährliche Gebühr für das Management des jeweiligen Fonds. Durch Aktienfonds wie den ETF werden Banken und Fondsmanager jedoch nicht reich, weil sie günstig sind und diese Gebühren und Provision wegfallen. Also denkt sich manch ein Berater – warum darüber sprechen? Doch es gibt auch viele gute Bankberater, nicht nur schwarze Schafe. In allen Branchen gibt es diese Unterschiede. Man muss sich damit befassen und die guten Leute rausfischen. Ich habe das Glück, seit 30 Jahren einen tollen Bankberater an meiner Seite zu haben, dem ich voll vertrauen kann – an dieser Stelle einmal ein herzliches Dankeschön an Dirk Busch von der BBBank!

Dennoch ist es so, dass gerade mal 17 Prozent der Deutschen überhaupt wissen, was ein ETF ist. Dabei gibt es sie schon viele Jahre. Die ersten ETFs gab es bereits 1970 in den USA. In Deutschland kam der Durchbruch um die Jahrtausendwende mit immer größer werdendem Zuwachs. ETFs sind börsengehandelte Indexfonds, welche die Wertentwicklung eines Index, zum Beispiel des DAX, abbilden. Ein ETF auf den DAX bildet beispielsweise die gesamte Wertentwicklung der 30 größten deutschen Unternehmen ab, ein ETF auf den MSCI World wiederum die Wertentwicklung von sage und schreibe 1.600 weltweiten Unternehmen. Der Vorteil hier ist also, dass ETFs es ermöglichen, mit nur einem einzigen Wertpapier in ganze Märkte zu investieren, man erwirbt sozusagen einen ganzen Korb verschiedenster Unternehmensanteile, was das Risiko breit streut und somit enorm reduziert. Denn wenn das eine Unternehmen einer solch riesigen Zahl wie im MSCI World vielleicht gerade in der Performanz schwächelt, gleicht ein anderes Unternehmen dies wieder aus. Erwirbt man im Gegensatz hierzu Aktien eines einzigen Unternehmens, ist das Risiko ausgesprochen hoch, dass die Investition den Bach runtergeht. Außer Aktien kann man mit ETFs auch in viele andere Anlageklassen investieren, zum Beispiel Immobilien, Anleihen oder Rohstoffe. Ein weiterer Vorteil von ETFs sind sie geringen Gebühren und Kosten für den Sparer. Im Ergebnis bedeutet dies natürlich mehr Rendite. Die beste Wahl sind Fonds, die den MSCI-World-Index abbilden, da sie durch die sehr breite Streuung nur eine geringe Schwankung erleben. In einen solchen Fonds langfristig monatlich einen Betrag – wie gesagt, ab 25 Euro möglich – zu investieren, bringt nach 10 bis 15 Jahren eine schöne Rendite. Doch wie genau geht das jetzt alles mit dem Sparplan? Eine Schritt-für-Schritt-Anleitung soll es zeigen.

Schritt für Schritt zum ETF-Sparplan

Geld ist wie eine schöne Frau.
Wenn man es nicht richtig behandelt, läuft es einem weg.

JEAN PAUL GETTY

Alles startet natürlich zunächst mal mit der Entscheidung, es nun wirklich zu tun: in einen ETF-Sparplan zu investieren. Wenn die Bestandsaufnahme mithilfe der Haushaltsbuchführung über einen Zeitraum von beispielsweise drei Monaten den individuellen Status quo ans Licht gebracht hat, kann es losgehen.

Folgende Schritte führen zum Erfolg:

1.
Entscheidung:
Welchen monatlichen Betrag sparen?

Der gewählte Betrag wird per Dauerauftrag monatlich vom Girokonto abgebucht und in das Depot eingezahlt. Einmal eingerichtet, geht der Rest automatisch.

2.
Aktienfonds:
passiv oder aktiv?

Hinter einem aktiv verwalteten Aktienfonds steht ein Fondsmanager, dessen Arbeit bezahlt werden muss. Das kann ganz schön ins Geld gehen und unnötig sein, wenn es sich so verhält, wie zahlreiche Studien belegen: nämlich, dass Computerprogramme die Indexentwicklung ebenso zuverlässig nachbilden können. Zeigt sich bei Vergleichen solcher Aktienfonds über einige Jahre, dass ein aktiver Fonds eine bessere Performanz gemacht hat als der entsprechende passive, so steht auch ein starker aktiver Fondsmanager dahinter, der gute Arbeit leistet und sein Geld wert ist. Einen solchen aktiven Fonds kann man somit guten Gewissens nehmen. Ansonsten sind im Gegensatz dazu die Kosten für computergesteuertes Management viel geringer. Ich persönlich halte eine Mischung aus beidem für die beste Wahl.

3. Online-Depot-Anbieter oder gute Bank wählen

Bei einer Direktbank gibt es Online-Depots mit kostenlosen Sparplänen, wenn man keine Beratung benötigt. Das bedeutet, für das Depot, den Kauf und das Halten der ETFs fallen keine Kosten an. Comdirect, OnVista, DKB oder Consorsbank sind beispielsweise Möglichkeiten. Ist man hier jedoch unsicher oder überfordert und hat viele Fragen, empfehle ich, einen guten Bankberater aufzusuchen. Davon gibt es entgegen der breiten öffentlichen Meinung sehr viele.

4. Depot eröffnen

Das Depot wird online über die Website der Online-Bank eröffnet. Einfach persönliche Daten angeben sowie das Referenzkonto, von dem der monatliche Betrag in das Depot eingezogen werden soll. Das Antragsformular nach Eingabe aller Daten ausgedruckt, unterschrieben und per Post an die Bank senden. Die Bank sendet dann die Zugangsdaten, mit denen man sich einloggen kann.

5. Sparplan einrichten

Dann geht es los! Auf der Plattform den Menüpunkt *Sparplan einrichten* wählen und die Höhe des monatlichen Betrags sowie Laufzeitdauer angeben.

6.
Passenden Index aussuchen

Nun folgt die Qual der Wahl – es gibt unglaublich viele Möglichkeiten. Ich empfehle den internationalen Weltmarktfonds MSCI World, der mit 1.600 Unternehmen fast jedes Unternehmen der Welt enthält.

7.
Passenden ETF aussuchen

Nun heißt es Anbieter finden, die einen ETF auf den MSCI World ohne Kauf- und Börsengebühr anbieten. Zu den größten ETF-Anbietern in Deutschland gehören iShares, Xtrackers, Lyxor, Vanguard, Amundi, SPDR, UBS, Invesco, Deka, ComStage. Zu zahlen sind dann nur die jährlichen Verwaltungsgebühren. Dann nur noch die Identifizierungsnummer (ISIN-Nummer) des ausgewählten ETFs angeben – und fertig ist der Sparplan! Nun geschieht alles Weitere monatlich automatisch.

8.
Warten und nichts tun

Genau! Warten und nichts tun! 10 bis 15 Jahre. Dann ernten und sich freuen.

Vorteile ETF – kurz und knapp

Reden auf Vegetarierbanketten sind oft erfreulich kurz, weil man Angst hat, dass sonst das Essen verwelkt.

MARIO ADORF

Nun auch noch einmal kurz und übersichtlich die Vorteile von ETF-Aktienfonds auf einen Blick:

Auch für kleine Vermögen:
ETFs ermöglichen es, mit nur einem Wertpapier in ganze Märkte zu investieren.

Geringe Kosten:
ETFs haben geringe laufende Gebühren, das heißt: mehr Rendite.

Transparenz:
ETFs sind transparent, da ihre Anlagestrategie jederzeit bekannt ist.

Risikostreuung:
ETFs streuen das ganze Risiko breit, weil sie in ganze Märkte/Branchen investieren.

Liquidität:
ETFs sind flexibel, da sie jederzeit an der Börse handelbar sind.

Sicherheit:
ETFs sind sicher. Bei der Insolvenz eines physischen ETF-Anbieters wird das eigene Vermögen nicht Teil der Insolvenzmasse.

Risiko – das kann ich wagen

Wer viel Geld hat, kann spekulieren. Wer wenig Geld hat, darf nicht spekulieren. Wer kein Geld hat, muss spekulieren.

ANDRÉ KOSTOLANY

Da das Wort Risiko so allgegenwärtig und eingebrannt in den weiblichen Köpfen ist, hier noch einmal ein paar Gedanken zum Risiko. Was ist das denn nun konkret: Risiko? – Unter Risiko versteht man die Kombination aus Wahrscheinlichkeit und Gefahr. Meine Damen, bitte weiterlesen und nicht sofort risikoscheu das Risiko abhaken!

Um es einmal anschaulich zu machen: Begegne ich einem Löwen auf freier Wildbahn, ist dies recht unangenehm. Und klar ist auch, ich bin einer Gefahr ausgesetzt. Begegne ich demselben Löwen aber im Zoo, ist das Risiko, von ihm gefressen zu werden, äußerst gering. Gut, meine Mutter würde jetzt sagen: *Es kann ja so viel passieren!* So könnte ein Erdbeben die schützenden Mauern und Gräben zwischen mir und dem Löwen zum Einsturz bringen – und: Aus die Maus. Da mein Kölner Leitspruch aber ist: *Et hätt noch emmer joot jejange!*, gehe ich fröhlich und risikobewusst in den Zoo, um mir den schönen Löwen anzuschauen, mit ihm von der freien Wildbahn zu träumen und vor allem dem Gedanken nachzuhängen, dass ein Tier wie der Löwe nicht in einen Zoo gesperrt werden sollte, sondern ein Leben in Freiheit braucht. Doch das ist ein anderes Thema. Daher lieber noch ein anderes Beispiel:

Ein anderes Beispiel ist, dass wir uns fast alle in ein Flugzeug setzen. Gäbe es ein gravierendes technisches Problem, könnte das Flugzeug abstürzen. In diesem traurigen Fall wären wir mit größter Wahrscheinlichkeit tot. Und dennoch gehen wir dieses Risiko bewusst ein, weil wir wissen, dass ein Flugzeugabsturz extrem unwahrscheinlich ist. Statistiken besagen, dass die Wahrscheinlichkeit, als Passagier in eine Flugzeugkatastrophe verwickelt zu werden, bei weniger als einem hunderttausendstel Prozent liegt.

Beim Thema Aktien scheuen Frauen das Risiko, weil sie sich nicht auskennen, unsicher sind, dumme Glaubenssätze haben und sich daher der Thematik Investieren erst gar nicht nähern. Risikoscheue, Unsicherheit, Augen verschließen, auf einen anderen vertrauen oder schlicht auf ein Wunder hoffen, all das kann zu völliger finanzieller Inaktivität führen oder eben dazu, dass das Geld tatsächlich im Sparstrumpf unterm Bett landet.

Noch mal ein Beispiel, um zu veranschaulichen, was ich meine: Angenommen, ich fahre eine lange Strecke mit dem Auto in den Urlaub, habe aber vorher keinen Auto-Check machen lassen und bleibe mit dem Auto auf der Autobahn liegen. Dumm gelaufen. Ich hätte dieses Risiko minimieren können, indem ich mein Auto vorher zur Kontrolle gebracht hätte.

Ja, es gibt natürlich trotzdem ein Restrisiko, mit dem Auto auch nach einem Auto-Check liegenzubleiben, und so gibt es auch immer ein Risiko bei der Investition von Geld. Doch bei dieser Form der Geldanlage gehört zur Risikominimierung ja auch, das Risiko zu streuen. Je weniger Risiko man eingehen möchte, desto höher muss der sichere Anteil der Investition sein. Nicht nur ich, sondern vor allem Experten raten zum ETF, über den man zu niedrigen Kosten eine breite Risikostreuung sicherstellen kann, da es sich wie gesagt nicht um eine Einzelaktie handelt, sondern um Fonds, die einen Index abbilden. Der Index ist die Kennzahl der Wertentwicklung aller darin vertretenen Unternehmen verschiedener Länder und Branchen – also zum Beispiel der DAX-Index; er enthält, das erwähnte ich bereits, die 30 größten deutschen Unternehmen und zeigt deren Wertentwicklung an.

Es gibt also allen Grund, dass Frauen ihre Risikoscheue endlich durch die Kompetenz austauschen, die Frauen wirklich ausmacht: Risikobewusstsein. Und dann endlich durchzustarten, um eine Erfahrung zu machen, die sie offensichtlich immer noch nicht richtig glauben können: dass sie im Vergleich zu ihren männlichen Kollegen die besseren Anleger sind.

Frauen, die besseren Anleger

Überall geht ein früheres Ahnen dem späteren Wissen voraus.
ALEXANDER VON HUMBOLDT

Es ist tatsächlich so: Frauen sind an der Börse die besseren Anleger. Es gibt zahlreiche Studien und Untersuchungen, die das inzwischen eindeutig belegen. Laut Statista hat eine Untersuchung zur durchschnittlichen Aktienrendite für das erste Halbjahr 2013 ergeben, dass Frauen 3,6 % und Männer nur 2,3 % Rendite erzielten. Dieses eigentlich niederschmetternde Ergebnis lässt sich mithilfe der Behavioral-Finance-Theorie erklären, die sich mit der Psyche der Anleger beschäftigt. Vereinfacht ausgedrückt: Männer überschätzen sich leicht. Frauen überlegen ihre Anlageentscheidungen gründlicher und halten auch länger an den einmal gekauften Aktien fest. Für den Zeitraum von August 2014 bis August 2015 fand ich im Buch der Börsenexpertin und Buchautorin Jessica Schwarzer, *Einfach erfolgreich anlegen,* weitere Werte zur durchschnittlichen Rendite: Bei Frauen waren es 5,8 und Männer nur 4,1 Prozent.

Da mich diese Zusammenhänge einfach brennend interessieren, durchstöbere ich gerne die zahlreichen Wissensquellen zu diesem Thema, am liebsten lese ich Bücher. In einem Buch einer anderen Expertin – *Frauen investieren klüger* von meiner lieben Kollegin Carola Ferstl – nennt die Autorin sehr interessante Gründe für diese Diskrepanz der Renditeergebnisse von Männern und Frauen. Gründe dafür findet sie in der Psychologie: Die emotionale Intelligenz sei die weibliche Kraft für Investitionserfolge. Schaut man sich Literatur männlicher Kollegen zum Börsenerfolg an, zeigt sich ein interessantes Bild: Weit und breit liest man nichts über Erfolge durch das Nutzen von Emotionen. Die Ratio allein sei die führende Kraft zum Erfolg. Gefühl und Intuition dagegen ein absoluter Risikofaktor, den man tunlichst ausschalten solle.

Wie fatal und falsch zugleich. Denn eigentlich weiß man doch auch ohne ‚Börsianische Tiefenpsychologie' inzwischen: Verstand und Gefühl bilden im Menschen eine wichtige Einheit und funktionieren am besten Hand in

Hand. Und das in jedem Lebensbereich. Also auch an der Börse. Frauen ist dies nicht fremd. Warum aber lehnen Männer die Kraft und Bedeutung der Emotionen für kluge Entscheidungen wohl ab? Vielleicht, weil sie diesen Sachverhalt gar nicht so richtig greifen können und Frauen ihnen hier tatsächlich etwas ganz Entscheidendes und Nützliches voraushaben? In der Tat scheint es so. Was Männer nicht verstehen – und vielleicht auch gar nicht verstehen können: Es ist nicht ein bloßes emotionales Agieren, das uns Frauen ausmacht. Wäre dies so, dann hätten die Männer recht mit ihrer Kritik an den Gefühlen. Es ist vielmehr das *intelligente* Gefühl, um das es geht – die sogenannte emotionale Intelligenz. Frauen sind in der Lage, ihre eigenen Gefühle sowohl mit feinen Antennen wahrzunehmen und zu kontrollieren als auch sinnhaft mit ihrem Verstand zu vereinen. Daraus entsteht eine Intuition, aufgrund derer das Gehirn Signale aussendet, die zu einer biologischen Reaktion führen: dem entsprechenden Bauchgefühl, das somit auf einer sehr starken und soliden Grundlage fußt und in Konsequenz auch zu einer guten Entscheidung führt. Diese Fähigkeit macht es uns Frauen möglich, Risiken schnell zu erkennen, sie abzuwägen und zuverlässig einzuschätzen.

Ein rein emotionales Handeln würde zu risikoscheuen Reaktionen und vollkommen planlosem Aktionismus führen. Und einem rein rationalen Handeln mangelte es am wertvollen intuitiven Sensor, der eine Entscheidung mit dem besagten Bauchgefühl versieht, über dessen hohe Bedeutung heute letztlich ja auch Einigkeit herrscht.

Fehlt einem Anleger das Bauchgefühl, sucht er häufig die Lösung bei dem, was alle machen: Er folgt dem Herdentrieb und investiert da, wo die Masse ist, denn wo alle sich tummeln, muss ja was zu holen sein. Dieses Herdenverhalten ist typisch männlich, aber hier liegt eben auch das Risiko – man denke beispielsweise im Jahr 2000 an die Dotcom-Blase. Alle setzten auf das gleiche Pferd, niemand befasste sich im Vorhinein einmal mit den Geschäftsmodellen der Unternehmen, in die sie investierten, und als klar wurde, dass die Sache den Bach runterging, war es zu spät. Alle verkauften hektisch, die Blase platzte.

Frauen sind in der Lage, eine solche Situation im Vorhinein intuitiv abzuscannen. Sie handeln – wenn sie denn einmal aktiv investieren – risikobewusst. Risikoscheu sind die Frauen, die gar nicht erst beginnen. Das ist ein wichtiger Unterschied. In dem Moment, in dem Frauen sich entscheiden, ihr Potenzial zu entfalten, handeln sie risikobewusst und mit größerem Erfolg als Männer. Es ist einfach eine Tatsache: Gerade an der Börse ist die weibliche Intuition von unschätzbarem Wert. Sie hilft dabei Stimmungen und Nuancen in der Entwicklung zu erkennen, sie richtig einzuschätzen und sinnvoll darauf zu reagieren.

Mit dem notwendigen Grundwissen ausgestattet sind Frauen eigentlich kaum aufzuhalten auf ihrem Weg zum Erfolg. Sie müssen nur eins: beginnen.

Regeln statt Reue

Sicher ist, dass nichts sicher ist. Selbst das nicht.

JOACHIM RINGELNATZ

Bevor es also losgeht mit dem Investieren in Aktien und der Vermögensbildung, hier nun nochmal kompakt zusammengestellt einige Regeln, die helfen sollen, die Angst vor dem Schritt in die Aktienwelt zu überwinden und es richtig zu machen:

1.
Ehrliche Bestandsaufnahme

Bevor es los geht mit der Investition, ist es wichtig, sehr ehrlich mit sich selbst zu sein und sich den Status quo anzusehen: Wie viel Geld habe ich, was brauche ich zum Leben, wo kann ich mich einschränken, was sind meine Verpflichtungen, was kann ich realistischerweise investieren?

2.
Nicht nur auf Sicherheit setzen

Ein kalkuliertes Risiko ist notwendig, um sein Geld wirklich wachsen zu sehen. Sicherheit alleine kann uns sogar Geld und finanzielle Sicherheit nehmen und uns ärmer machen.

3.
Nicht alles auf eine Karte setzen

Eine Streuung hilft die größten Schwankungen auszugleichen und somit das Risiko möglicher Verluste gering zu halten. Daher monatliche Einzahlungen in ETFs und Aktienfonds und keine Einzelaktien kaufen.

4.
Notgroschen zurücklegen

Auch wenn Zins und Zinseszins das Geld nicht mehr vermehren, benötigt man natürlich Geld für schlechte Zeiten oder größere Anschaffungen. Auch wichtig: Keine Investition auf Pump!

5.
Nicht zu gutgläubig sein

Viele Bankberater und andere Finanzvermittler sind Verkäufer und werden in der Regel auf Provisionsbasis bezahlt. Sie wollen natürlich an uns verdienen, deshalb ist eine gesunde Skepsis ihren Produkten gegenüber angebracht. Es ist wichtig, sich eigenverantwortlich auch Meinungen über unabhängige Portale einzuholen und niemals blind einer Empfehlung zu folgen, es sei denn, man arbeitet seit langem mit einem Bankberater seines Vertrauens zusammen.

6.
Auf die Kosten achten

Hier muss man sehr genau schauen, welche Kosten und Gebühren beim Investieren an der Börse entstehen können. Es gibt Depotführungsgebühren, Transaktionsgebühren der Bank, Börsengebühren. Manche Banken oder Online-Broker erheben Depotführungskosten, das ist eine jährliche feste Grundgebühr. Einige Banken und Online-Broker bieten die Depotführung jedoch kostenlos an. Daher immer schön das Kleingedruckte lesen, sich umschauen und vergleichen, damit man nachher nicht unangenehm überrascht wird.

7.
Deinen Typ berücksichtigen

Bei allem spielt es eine große Rolle, dass man sich und seine Situation richtig einschätzt, damit die Investition keine schlaflosen Nächte bereitet. Bin ich eher sehr risikoscheu oder habe ich schon das Vertrauen, risikoreicher anzulegen? Bin ich ganz frisch am Markt oder habe ich schon ein wenig Erfahrung?

8.
Nur kaufen, was du auch verstehst

Bevor man loslegt, muss man sich schlaumachen. Information ist der beste Schutz!

9.
Emotionen vermeiden

Aktien gehen hoch und runter. Das ist das Grundelement der Börse. Es ist wichtig, fallende Aktien nicht panisch zu verkaufen oder zu gierig sinnlos dazuzukaufen. Der beste Schutz ist, eine persönliche durchdachte Strategie zu entwickeln – was möchte ich wie investieren und in welchem Zeitraum? –

und sich daran unbedingt zu halten. Und immer informieren! Je mehr wir wissen über die Finanzwelt, desto sicherer und cooler können wir an die Sache herangehen.

10.
An Nieten festhalten

Geduld und Nervenstärke sind bei fallenden Aktienkursen gefragt. Bei einem Fonds wie dem MSCI World ist es in der Tat egal, wenn die Aktie eines Unternehmens hoffnungslos absäuft, da außer ihr noch unzählige andere Unternehmen in diesem Fonds vertreten sind und die *Niete* ausgleichen.

> **Frösche küssen? – Kröten zählen!**
> Dem Geld darf man nicht nachlaufen.
> Man muss ihm entgegengehen.
> ARISTOTELES ONASSIS

Was aber ist, wenn man die jungen Jahre längst hinter sich gelassen hat und sich eigentlich bereits auf die Rentenzeit zubewegt? Mit 50 noch private Altersvorsorge an der Börse starten? Macht denn das überhaupt noch Sinn?

Sinn macht hier erst einmal eine Gegenfrage: Ist es sinnvoll, nichts zu tun? Klar ist, Frauen, die nicht mehr so viel Zeit haben und spät mit einem ETF-Aktiensparplan beginnen, erzielen nicht dieselben hohen Beträge wie junge Frauen. Hier gilt es, die bestmögliche Rendite zu erzielen und Kosten möglichst gering zu halten. Sicher, je risikoreicher zur Sache gegangen wird, umso höhere Renditen sind möglich. Doch höheres Risiko bedeutet zugleich natürlich eine höhere Gefahr, dass alles den Bach runtergeht. Natürlich ist ein ETF-Vermögen auch keine lebenslange Rente. Inwiefern in höherem Alter noch der Abschluss einer privaten Renten- oder Lebensversicherung Sinn macht, muss sorgfältig für den Einzelfall ermittelt werden.

Ganz wichtig ist, dass man sich nicht übers Ohr hauen lässt mit Produkten, für die man mehr Gebühren bezahlt als Erträge erhält und von denen nur der Versicherungsberater profitiert. Auch Sofortrente oder Riester-Verträge können für 50plus-Personen eine Option darstellen. Doch genauso wie in der Aktienwelt gilt hier: Schlaumachen! Am besten bei seriösen Honorarberatern oder der Verbraucherzentrale. Auch wenn man dort für guten Rat ein paar Silberlinge berappen muss, ist dies sinnvoll angelegtes Geld. Das böse Erwachen, weil man in Unkenntnis auf einmal den falschen Weg gewählt hat, ist um ein Vielfaches schlimmer. Man denke nur an die Erfahrungen von Natascha Wegelin oder auch die Verluste, die ich selbst erlitten habe.

Letztlich hat aber auch eine 50- oder auch 60-jährige Frau in der Regel noch genug Zeit, einen langfristigen ETF-Sparplan zu starten. Bei einem geplanten Anlagezeitraum von beispielsweise 15 Jahren sind mit ausgesprochen hoher Wahrscheinlichkeit im Alter von 65 beziehungsweise 75 Jahren Früchte zu ernten. Das kann man ja einfach mal durchspielen: Angenommen ich lege einen ETF-Sparplan auf den MSCI World an, auf 10 Jahre mit einer jährlichen Rendite von 4 Prozent (Diese 4 Prozent sind im Beispiel hier mit Absicht niedrig angesetzt, damit sichtbar wird, dass die Anlage sich sogar schon bei 4 Prozent lohnen würde; in der Regel sind es bis zu 8 Prozent oder sogar mehr.). Wenn ich nun monatlich 100 Euro spare, dann gibt es nach diesen 10 Jahren eine Rendite von 14.800 Euro. Bei 6 Prozent wären es sogar ungefähr 17.900 Euro. Eingezahlt hätte ich 12.000 Euro.

Überlegt man sich nun, welch hohe Lebenserwartung Menschen heute haben, erübrigt sich in der Tat die Frage, ob es sich noch lohnt. Wie war das doch gleich? Ich sag's noch mal: Ich werde 100! Und bestimmt noch viele andere Frauen mit mir. Sollten sich dann in höherem Alter auch noch die Märchenprinzen naturgemäß rar machen, warum nicht gleich klare Prioritäten setzen – vielleicht ganz nach dem Motto: Dann doch lieber Kröten zählen als Frösche küssen!

40 Jahre Fernsehen – Danke!

Keine Schuld ist dringender als die, Dank zu sagen.
MARCUS TULLIUS CICERO

Als ich Ende des vergangenen Jahres einen Tag vor Heiligabend die altbekannten Wege durchs RTL-Gebäude zu ‚meinem' EXTRA-Studio ging, tat ich dies mit einem ganz seltsamen und äußerst intensiven Gefühl. So dermaßen bewusst war ich diesen Weg in all den 25 RTL-Jahren niemals gegangen. Jeder Schritt, jede Treppenstufe, jeder Gang und jede Tür, die sich öffnete und hinter mir schloss, ja, wirklich jedes Detail bewegte mich ungemein. An diesem Abend würde ich meine Sendung EXTRA zum allerletzten Mal moderieren, und natürlich spürte ich auch, dass die Begegnung mit meinen Kollegen an diesem Abend anders sein würde als sonst. Zu dieser bewegten Gefühlslandschaft gesellte sich auch, dass mein Kopf im Schnelldurchlauf einen Film abspulte mit all den richtungsweisenden Stationen meiner insgesamt 40 Jahre Medien. Meine ersten fünf Jahre beim WDR, als ich – wie jetzt zum letzten Mal bei RTL – zum ersten Mal durchs Vierscheibenhaus schritt, mit meinem Vertrag als Stenokontoristin in der Tasche. Stolz wie eine Königin war ich, die kleinste Maus im Getriebe, damals durchs Haus geschritten und habe mich immer wieder umgedreht, in der Hoffnung, dass jeder mich sähe, denn mein Blick sagte: *Ja, ich arbeite hier! Beim WDR!* Viele weitere Meilensteine blitzten auf. Zehn Jahre ZDF, Wiesbaden und Mainz. Zahlreiche Erlebnisse. Und schließlich wieder Köln und die ganzen RTL-Jahre. Und nun plötzlich schloss sich der Kreis.

Wie eine Happyend-Story, die noch einen zweiten Höhepunkt erfährt, empfand ich das EXTRA-Finale meiner letzten Sendung. Im zweiten EXTRA-Beitrag begleitete unsere RTL-Reporterin Manuela Benus in Nürnberg den Obdachlosen Willi in sein neues Leben, das er einem wahren

Schutzengel zu verdanken hatte: Birgit Wegner, Inhaberin des Cafés *Mr. Bleck,* die ihn zunächst immer nach kalten Parkbanknächten mit wärmendem Morgenkaffee versorgt hatte, verhalf ihm nun zu Arbeit und Unterkunft. Nachdem mit diesem schönen Weihnachtshappyend Willis neues Leben begonnen hatte, ging meine RTL-Ära – ebenfalls mit einem Höhepunkt – überraschend einen Sendebeitrag früher als geplant zu Ende. Meine Kollegen stoppten die Sendung, indem sie eine Panne vortäuschten, und bereiteten mir einen wunderbaren Abschied. Mit Rosen, Umarmungen, lieben Worten, viel Pipi in den Augen und einem schönen Abschiedsfilm, in dem einige meiner Weggefährten zu Wort gekommen sind, wurde ich beschenkt. Ich kann es gar nicht oft genug sagen: Danke!

Danke sagen. Das ist auch etwas, für das ich dieses Buch als Brücke zu den Menschen nutzen möchte. Danke für den wunderbaren Lebensabschnitt, der sich mit dem Abschied von meiner Sendung EXTRA geschlossen hat: 40 Jahre Fernsehen. Dabei geht mein größter Dank an die breite Öffentlichkeit – mein Publikum, das mich in diesen vier Fernsehjahrzehnten unglaublich wertschätzend angenommen und treu begleitet hat. Ohne das Publikum hätte es mich im Fernsehen niemals so lange gegeben. So ist es gar keine Frage – mein Dank geht vor allem an diese Menschen und einfach alle, die auf irgendeine Weise mit mir und meinem 40-jährigen Wirken in den Medien verbunden waren.

An den bedeutenden Stationen meines Lebens sind mir auch immer wichtige Menschen begegnet, die mit die Weichen gestellt haben, in welche Richtung es für mich weiterging. Mein erster Lebensgefährte Werner Schüssler, zum Beispiel, der mich zum Sprechunterricht gebracht hat und mich wahnsinnig gepusht hat. Oder Anna Alte, meine Mentorin ganz am Anfang beim WDR, die mich so richtig unter die Fittiche genommen und mir viel beigebracht hat. Petra Schürmann, 20 Jahre älter als ich, die mir als Vorbild und Freundin zugleich immer viele gute Tipps gegeben hat. Und natürlich auch Hans Mahr, der damalige Chefredakteur bei RTL, der durchgesetzt hat, dass ich Moderatorin bei EXTRA wurde, obwohl ich keine Journalistin war – ich selbst habe mich ja immer Moderatorin mit journalistischen Aufgaben genannt. Später dann, nach der Trennung von Markus Lanz, war es Michael Winterhoff, Psychotherapeut und Autor, der meinem Leben als Alleinerziehende mit Laurin sehr positive Impulse gab. Es ist einfach wichtig, dass in bedeutenden Stationen des Lebens die richtigen Menschen an der Seite sind, die die Geschicke mitlenken. Schon oft habe ich mir die Frage gestellt: Zieht man diese Menschen an? Ich glaube schon, dass es so ist. Es ist mein fester Glaube, dass alles, was ein Mensch aus seinem Inneren aussendet, auch zu einem zurückkommt. Es ist also nicht die äußere Umwelt, die unser Schicksal bestimmt, sondern alles geht von dem aus, was wir selbst in unserem Herzen sind und ausstrahlen. Ich hatte meine tiefen Wünsche, mein klares Ziel und diese starke Sehnsucht in mir. Natürlich strahlte dies beständig nach außen und zog so auch die Menschen an, die zu meiner Innenwelt passten.

Doch ganz gleich, ob es nun Bestimmung oder Zufall ist, wie die Dinge sich im Leben fügen – ich bin unendlich dankbar. Vielleicht war es Zufall, dass ich oftmals zur richtigen Zeit am richtigen Ort war, vielleicht war es vorbestimmt. Jeder Mensch wird solche Momente kennen: zur richtigen Zeit am richtigen Ort sein. Dann natürlich beginnt der Augenblick, wo man selbst seines Glückes Schmied ist und aktiv werden muss. Hätte ich mich mit 18 nicht heimlich beim WDR beworben, wäre ich nicht dort gelandet. Wäre ich meinen Vorgesetzten dort nicht mit Hartnäckigkeit und Penetranz auf die Nerven gegangen, hätte es für mich nie ein Casting gegeben. Die Chancen bringen Zufall oder Bestimmung, ergreifen und nutzen muss man sie selbst. Der Zufall brachte es beispielsweise, dass nach all den blonden Ansagerinnen irgendwann eine dunkelhaarige gefragt war. Und wieder habe ich meine Chance ergriffen. Menschen, die ihre Chancen genutzt und schöne Ziele erreicht haben, können mit Recht stolz sein. Doch was ich ganz und gar nicht mag, ist Eingebildetsein und Hochnäsigkeit. Denn auch wenn ich tatsächlich in jungen Jahren phasenweise wirklich ein dummes oberflächliches Huhn war, das sich toll fand, so habe ich, wenn es wirklich darauf ankam, die Bodenhaftung glücklicherweise nie verloren. Hinter all dem

Übermut und albernen Aufplustern während meiner ersten Jahre vor der Kamera wusste mein Herz im Hintergrund dennoch immer: Niemand ist etwas Besseres.

Denn zu allem gehört ja auch immer eine Portion Glück. Es fängt ja schon damit an, wo man geboren wird. Ich wurde in einem kleinen sauerländischen Kaff geboren, doch hätte ich auch in Afrika geboren werden können oder am Nordpol. In einer ganz anderen Familie, einer ganz anderen Kultur und in einem ganz anderen und vielleicht sehr schwierigen Leben. Ich hatte Glück und wurde in ein gutes Zuhause und Umfeld geboren. Meine Heimat hat zwar auf den ersten Blick nicht viel gemein mit meinem Mädchentraum vom Fernsehen und der großen weiten Welt. Und doch war es letztlich der Boden, auf dem meine Wünsche gedeihen konnten, ein sicherer und geborgener Ort, an dem ich die Chancen, die ich erhielt, nutzen und meinen Weg gehen konnte – wie sollte ich da nicht demütig und von Herzen dankbar sein?

Wenn ich zurückblicke, kann ich es meist gar nicht fassen, dass die Zeit so wahnsinnig schnell vergangen ist, vor allem die letzten 25 RTL-Jahre. Doch wenn die Zeit so rasch zerrinnt, dann bedeutet dies auch, dass sie erfüllt war und ein großer Reichtum an Erlebnissen den bisherigen Lebensweg geschmückt hat. So war es in der Tat. Natürlich wieder ein Grund zum Dank, doch jetzt, da in all der Zeit auch ich älter geworden bin, ist mein Dank gepaart mit Wehmut. Denn nun wird es so unglaublich fühlbar: Alles geht vorbei. Alles ist endlich. Als sich mein 60. Geburtstag vollendete, wurde mir das zum ersten Mal so richtig klar. Schon oft habe ich die Geschichte erzählt, wie ich zu dieser Zeit ein Standardmaßband von einem Meter zur Hand nahm, 60 Zentimeter abschnitt und das verbleibende Stückchen Maßband anschaute. 40 Zentimeter. Nicht wirklich viel. Selbst dann nicht, wenn man sich das Ziel gesetzt hat, 100 zu werden. Also fragt man sich: Wie viel Zeit bleibt mir noch? – Denn hier hat meine Mutter dann einfach mal recht: *Es kann ja so viel passieren ...* Doch da ich ja optimistisch bleibe bis zum Schluss, frage ich mich lieber: Was möchte ich mit der verbleibenden Zeit machen?

Dieses Bewusstsein der Endlichkeit, das erst im Alter wirklich reift, macht aber tatsächlich sogar noch viele schöne Geschenke. Zum Beispiel die Erkenntnis, dass man sich selbst nicht so wichtig nehmen darf. Mit dieser Erkenntnis wächst auch der Humor. Über sich selbst lachen können, ist etwas Wunderbares. Das habe ich aber auch erst im Laufe des Lebens gelernt. In jungen Jahren fand ich mich toll und wichtig – ja, auf wen sollte die Welt schon gewartet haben, wenn nicht auf mich! Ich konnte – es möge mir verzeihen, wer mich so erlebt hat – eine richtige Zicke sein. Und auch wer mich doof fand, wird womöglich recht gehabt haben. Lasse ich so manches Revue passieren, dann wünschte ich, ich hätte die heutige Lebenserfahrung und Reflexion schon mit 20 oder 30 gehabt.

Während meiner Schiffsreise, die ich unmittelbar nach meiner letzten EXTRA-Sendung mit Frank unternommen habe, dachte ich sehr viel über solche Dinge nach: dass man oft erst in späteren Jahren erkennt, worauf es ankommt und was wichtig ist im Leben. Immer dann, wenn ich zur Ruhe komme nach arbeitsreichen Wochen, entlädt mein Kopf tausend Gedanken. Und manchmal greift sich auch ein Infekt mein zerrupftes Immunsystem und ich werde krank. Wie auch auf dem Schiff während meiner Reise über Neujahr mit Frank. Kein Wunder eigentlich, wenn man immer wieder zwischendurch am Limit unterwegs ist. Wenn ich dann anhalte nach einer solchen Phase, falle ich tiefenerschöpft aus den Schuhen. Doch auch dieses Anhalten hat etwas Gutes. Es bietet Raum für Ruhe und Reflexion. So wie Neujahr auf dem Schiff, wo ich sehr viel nachdachte über meine 25 Jahre RTL, 40 Jahre Medien, meine Kindheit in den 60er Jahren auf dem Land, meine Neugier mit Freude auf das, was mich noch erwartet, was mir wichtig ist und wie ich den Rest meines Lebens noch gestalten möchte. Ein gutes Leben wünsche ich mir, meinen inneren Frieden möchte ich vollständig finden. Dass gerade die ältere Generation heutzutage so viele Möglichkeiten hat, Leben zu gestalten, erfüllt mich mit Freude. Mit Freude erfüllt mich auch, gute Bücher zu lesen, mich weiterzuentwickeln, an meiner Persönlichkeit zu arbeiten oder gute Podcasts zu hören – es gibt so unendlich viel. So viel, dass ich es in den nächsten 40 Jahren gar nicht schaffen kann, all das möglich zu machen.

Ich bin glücklich, dass ich die Verantwortung für mein Leben und meine Finanzen niemals abgegeben habe und schon in jungen Jahren durch eisernes Sparen kleiner Beträge rechtzeitig ein unbeschwertes und sorgenfreies Leben im Alter gesichert habe. Als ich jung war, hatte ich nicht viel Geld, ich habe sehr viel gearbeitet, gespart und Fürsorge für mich selbst geleistet, um in meinem nun kommenden Lebensabschnitt nur noch das machen zu können, was mich erfüllt: ein gutes Leben haben, gute Beziehungen leben, Zeit für die Menschen haben, die mir wichtig sind, und da, wo ich kann, Gutes tun.

Ich habe in der langen Zeit wahnsinnig viel erleben dürfen, so viel, dass alles Erlebte Stoff für einen richtig dicken unterhaltsamen Schinken ergäbe. Viele meiner Lebensabenteuer sind ja auch bereits in meinen anderen beiden Büchern zu lesen. Einige weitere Erinnerungen – ein paar davon habe ich bisher noch nie erzählt – möchte ich hier zum Abschied von diesem Lebensabschnitt mit meiner Leserschaft teilen. Es sei ein episodenhafter Blick hinter die Kulissen meines Lebens sozusagen, ein paar Häppchen, die erheitern sollen, denn das ist für mich ohnehin das Elementare eines erfüllten Lebens: Freude, Heiterkeit, Lachen. Möge der kleine Spaziergang durch ein paar ausgewählte Erinnerungen beim Lesen Freude, Heiterkeit und Lachen wecken!

Schulfunk – Putzfrau auf Sendung

Bescheidenheit ist eine Zier,
doch weiter kommt man ohne ihr.

SPRICHWORT

40 Jahre Medien – ein richtiges Jubiläum. Nun nehme ich Abschied und blicke voller Dank zurück. Zeit, wie schnell bist du vergangen! Als junger Mensch lacht man über die Alten, die immerzu den Kopf schütteln, *nee, nee, nee* murmeln und gar nicht verstehen können, dass die Kinder so groß und sie selbst schon wieder einen Zentimeter kleiner und so alt geworden sind. Ein Fingerschnippen später hat man selber diese Rolle.

So erinnere ich mich, als sei es gestern gewesen, wie ich mit zarten 19 Lenzen als Stenokontoristin anfing beim WDR – ein junges Mädchen, schüchtern und noch gar keine Ahnung, aber davon jede Menge. Meine ersten Gehversuche drei Jahre später vor der Kamera gaben mir genug Zeit und Raum, wo ich üben und mich ausprobieren konnte: als Fernsehansagerin im Schulfernsehen. Ich wuchs förmlich ein paar Zentimeter in Sekundenschnelle, und ich bekomme heute noch verspätet rote Ohren, wenn ich daran denke, wie eingebildet ich tatsächlich damals war! Richtig lachen muss ich aber darüber, wie ich die Hohe Straße in Köln auf und ab lief und ganz verwundert war, dass niemand mich ansprach und fragte, ob ich nicht die berühmte Frau aus dem Fernsehen sei. Ich habe mir ernsthaft eingebildet, ich sei sowas wie der Nabel der Welt, wenn ich mit meiner hochwichtigen Ansage: *„Hallo und herzlich willkommen zum WDR-Schulfernsehprogramm. Heute seht ihr English for Juniors"* den Schulbeitrag ankündigte. Eines Tages lief unsere Putzhilfe tiefenentspannt durchs Studio und putzte, während ich auf Sendung war. Sie kam rüber zu mir, lachte, klopfte mir auf die Schulter und sagte: *„Na, Mädche, all jood? Bis de widder am Üben?"* Sie hatte, was die Wichtig- oder Unwichtigkeit meiner Person betraf, zweifellos die klarere Sicht auf die Faktenlage.

Puff & Suff – Dich kenn ich doch!

Mensch: das einzige Lebewesen, das erröten kann;
es ist aber auch das einzige, das Grund dazu hat.

MARK TWAIN

Prominenz führt nicht nur zum Glauben, die Nase höher tragen zu müssen und sich was einzubilden. Sie führt auch zu der Erkenntnis, dass man nicht mehr unbedacht alles machen kann. Man denke nur an die Gefahr, an peinlichen Orten erkannt zu werden. Ich erinnere mich da an eine Episode mit meinem netten, verrückten Freund Achim ganz am Anfang meiner Karriere als Fernsehansagerin. Achim war ein bisschen hippiemäßig unterwegs und lebte die meiste Zeit auf Ibiza, wo er eine Kneipe hatte. Und wenn er nicht auf Ibiza war, dann war er in Hamburg, wo wir uns ab und zu trafen.

Eines Tages, ich glaube, es war im Jahr 1985, hatte Achim die brillante Idee, eine Pufftour auf der Reeperbahn zu machen. Als Landei vom Dorf hatte ich so etwas noch nicht kennengelernt und war natürlich sofort Feuer und Flamme – aus rein journalistischen Gründen versteht sich ... So zogen wir durch die Lust- und Lastermeile und landeten schließlich in einem Etablissement, dessen Chefin er kannte, wo es so richtig zur Sache ging. Faszinierend!

Nun ergab es sich, dass ich genau zu jener Zeit zum ersten Mal das Titelblatt einer Zeitschrift, des *Gongs*, schmückte. Ich hatte im Traum nicht daran gedacht, dass mir dies in irgendeiner Weise zum Verhängnis werden könnte. Achim und ich hatten unseren Spaß an der Show, als plötzlich die Puffmutter auf mich zukam, im Gesicht den Blick der Erleuchtung: *„Hör mal, dich kenn ich doch!"* Sie ging an eine Schublade und holte den *Gong* hervor. Sie schaute auf das Heft, schaute auf mich, dann wieder auf das Heft und verkündete dann laut und triumphierend: *Hört mal, Kinder! Guckt mal, wen wir heute hier zu Besuch haben!* Dabei fuchtelte sie wild mit dem *Gong* in der einen Hand herum und zeigte mit der anderen Hand auf mich, damit auch ja niemandem entging, wer besagter Ehrengast war. Du liebe Güte, war mir das peinlich. Da hatte ich mich ja wieder mal in etwas reingeritten. Die Nackten hielten in ihren Aktivitäten inne, Körperteile erschlafften, Stille kehrte ein. Jemand kam auf mich zu – nur zur Klarstellung: Ich war bekleidet – und fragte: *Kann ich bitte ein Autogramm haben?* Mit hochrotem Kopf verschwand ich – Achim im Schlepptau – aus diesem Laden. Gottseidank gab es damals noch keine Handys und kein Internet.

SO fährt man einen Rollstuhl

Unsere größte Schwäche liegt im Aufgeben.
Der sicherste Weg zum Erfolg
ist immer, es noch einmal zu versuchen.

THOMAS ALVA EDISON

Schon oft habe ich davon erzählt, dass ich bereits als junges Mädchen Fernsehansagerin werden wollte, auf den Spuren meiner großen Vorbilder Sonja Kurowsky oder Petra Schürmann. Weithin bekannt ist jener Pappkarton, in den ich mich hineinhockte, um dann durch ein ausgeschnittenes Bildschirmfenster mein imaginäres Publikum durch das Programm zu führen. Oder wie man heute auch sagt: zu moderieren. *Moderation, moderieren* – woher kommt das Wort eigentlich? Es findet sich im lateinischen ‚*moderare*' und bedeutet ‚mäßigen', ‚steuern', ‚lenken'. Nun ja, mäßigen wollte ich mich ganz und gar nicht, im Gegenteil, ich wollte raus aus meinem Dorf, raus aus meinem Umfeld, rein ins Fernsehen und in die weite Fernsehwelt. Fernsehansagerin wollte ich werden.

Nach meiner Zeit beim WDR wurde ich fünf Jahre später dann Programmansagerin beim ZDF. Es lief inzwischen nach den ganzen ersten herausfordernden Jahren richtig gut. Ich wurde immer bekannter und schon hieß es, ich hätte ‚das schönste Lächeln' des Senders. Im ZDF galt ich bald als die beliebteste Ansagerin, ja, die erotischste Ansagerin! Ich muss ganz ehrlich gestehen, ich hab das schon gerne über mich gelesen. Das hat mir schon geschmeichelt. Heute amüsiere ich mich darüber und habe Spaß an all diesen Erinnerungen. Doch ein bisschen stolz durfte ich sicher auch sein, denn es ist ja letztlich ein schönes Kompliment, so wahrgenommen zu werden.

Auch war es so, dass damals in den 80er und 90er Jahren die Fernsehansagerinnen wirklich große Stars waren. Wir wurden hofiert und überall eingeladen. Und natürlich passierte es ganz von allein, dass ich berühmt wurde, wenn man nur daran denkt, dass ganz Deutschland vor dem Fernseher saß, wenn ich beispielsweise *Wetten, dass ...?* ansagte. Zu jener Zeit war ich regelmäßig auf Titelblättern von Magazinen oder auch in der BILD-Zeitung. Die Leute dachten auch, wir wären reich, doch weit gefehlt! Wir verdienten sehr wenig. Fast war es so, als würden wir mit unserer Bekanntheit bezahlt und sollten dankbar sein, diesen aufregenden Job haben zu dürfen. Das war doch wohl Verdienst genug! Und so habe ich, um über die Runden zu kommen, auch noch Rundfunk gemacht und Messen moderiert.

Ich lebte damals in einem winzigen möblierten Zimmer in Mainz, auf dem Lerchenberg in direkter Nähe des ZDF. Als Souterrain-Zimmer war es beschönigend angepriesen worden. Souterrain. Vornehm hörte sich das an, fand ich. Die genaue Übersetzung des französischen Wortes brachte die nackten Tatsachen meiner Bleibe jedoch viel besser auf den Punkt: französisch *sous-terrain* – deutsch *unterirdisch*. Stimmt, ganz unterirdisch war dieses Kellerloch, in dem ich da hauste. Durch das dunkle Zimmer verliefen die Heizungsrohre und zuweilen kam eine Maus oder Ratte zu Besuch – aber egal: Ich wohnte souterrain und war berühmt. Oder auch: arm, aber sexy.

Mein Lerchenberg-Kellerzimmer gehörte zur Wohnung netter, aber auch sonderbarer älterer Eheleute, die ein beeindruckendes Talent hatten: Sie machten sich permanent gegenseitig das Leben schwer. Eines Tages, als ich vom Dienst nach Hause kam, fuhr er sie im Rollstuhl herum. Seltsam, dachte ich, ein paar Tage zuvor hatte ich sie unweit der Wohnung noch zu Fuß unterwegs gesehen. Doch das Mysterium klärte sich schnell, denn nur ein paar Augenblicke später sprang sie plötzlich wie von der Tarantel gestochen aus dem Rollstuhl, schubste ihren armen Gatten aus dem Weg, griff sich energisch den Stuhl, schob selbigen immer wieder vor und zurück, fuhr mich dabei fast über den Haufen und schrie: *Nicht mal das kannst du richtig! SO fährt man einen Rollstuhl!!* Dann verebbte die Welle der zickenhaften Aggression mit einem finalen Schnaufen. Sie schlurfte um das Gefährt herum, ließ sich erschöpft wieder in den Sitz fallen, bündelte noch einmal die Kräfte ihrer Stimme und erteilte ihr knappes Kommando: *Los jetzt!* Der arme Mann, dachte ich. Er vermied weiteres Aufsehen, gehorchte still und schob sie von dannen. Der Weg in meine möblierte Souterrain-Welt war wieder frei.

Da saß ich also in meinem Kellerloch bei den verrückten Eheleuten, hatte meine Fernsehdienste, und manchmal überkam mich ein seltsames Gemisch der Gefühle. Da war auf der einen Seite diese Unterkunft, die ich nicht mochte, aber auf der anderen Seite mein wachsender Erfolg. Ich wurde bekannter, beliebter und bekam immer mehr Einladungen. Es fühlte sich gut an. Und ich wollte mehr von diesen Dingen, die sich gut anfühlten, eine andere Sendung vielleicht. Doch ich lernte schnell, dass das nicht so einfach war. Es gab keinen Automatismus beim Fernsehen, ich musste Geduld haben, am Ball bleiben und auf die richtigen Augenblicke und die passenden Begegnungen warten.

Und dennoch: Ich war raus aus meinem Dorf, raus aus meinem kleinen Leben und dort angekommen, wohin ich ja unbedingt wollte, von Kindheitstagen an. Trotz Kellerloch genoss ich den Glamour und dieses angeblich so ‚wichtige' Leben. Zu meinem jungen Übermut gesellte sich im Laufe der Zeit eine gehörige Portion Oberflächlichkeit. Äußerlichkeiten und Statusfragen begannen wichtiger zu werden, ich hatte viele Freunde, ging auf Partys und genoss mein Leben in vollen Zügen.

Heute bin ich für all das jedoch dankbar, denn diese Erfahrungen ermöglichten, dass ich lernte, mich veränderte und Bewusstsein erwarb für das, was wirklich wichtig ist und zählt.

Nach 10 Jahren ZDF wechselte ich 1994 genau im richtigen Moment zu RTL. Mitte der 90er Jahre begannen auch die Programmansagerinnen allmählich aus dem Fernsehen zu verschwinden. Durch Werbung oder Trailer wurden sie immer mehr ersetzt. Der Wechsel zu RTL fühlte sich zunächst eigenartig an. Aus der öffentlich-rechtlichen ZDF-Chefriege der grauen Muppets-Herren, unter deren Weisung ich lange Jahre gestanden hatte, war ich beim Privatsender RTL plötzlich in einem ganz anderen Team gelandet – nur junge stylische Leute gestalteten dort zusammen Medien. Und dann wurden wir selbst alt. Nicht schlimm, wie ich finde. Doch manche Chefs und Kollegen, die gemeinsam mit mir reiften, hatten da weit weniger Gelassenheit als ich. Nicht nur, dass sie meinen Wunsch nach dem grauen authentischen Ich viele Jahre entschlossen abwiesen. Auch kämpfte der eine und andere selbst verbissen gegen den Pigmentverlust auf dem Haupt, und ‚Re-Nature' von Schwarzkopf gegen den Grauschopf wurde zum zentralen Posten auf dem Einkaufszettel. Obwohl ... Re-Nature? Das war doch eigentlich genau das Gegenteil. Es war das, was ich immer wollte: zurück zur Natur – weg vom Färben. Und als ich es endlich voller Freude geschafft hatte, mich im Fernsehen frei von Fake und Farbe zu zeigen, beobachtete ich so viele andere im RTL-Dunstkreis dabei, weiterhin verzweifelt an ihrer Jugend festzuhalten. Man sieht sie mit Neon-Turnschuhen, Rucksack und Hoodie, man sieht ihre Bemühungen, die Jugend im Antlitz zu erhalten – ich pendel hin und her zwischen Schmunzeln und Kopfschütteln. Doch am meisten frage ich mich, warum können so viele nicht dazu stehen, wer sie sind?

Ich hatte schon eine sehr, sehr schöne Zeit bei RTL, die mich lange erfüllt hat. Außer meiner Sendung EXTRA, die ich von 1994 bis 2019 hatte, gab es noch drei weitere RTL-Sendungen – *Life! Die Lust zu leben, Life! Total verrückt* und *Life! Dumm gelaufen* –, besonders das Format *Life! Die Lust zu leben* war verbunden mit einer Vielfalt und Vielzahl spannender Abenteuer und Begegnungen. Ich traf viele Prominente, unter anderem Kevin Costner, Elton John, Brian Adams oder die Spice Girls, und ich kam auf engste Tuchfühlung mit außergewöhnlichen Sportarten wie Apnoetauchen, Hundeschlittenrennen oder Bungee-Jumping. Ich bin mit Haifischen getaucht und habe ein Astronautentraining in Moskau absolviert. Es waren tolle Zeiten, an die ich mich gerne erinnere.

New York – Dildo de Luxe

Sex ohne Liebe ist besser als gar kein Sex.
HUGH HEFNER

In meiner Rolle als Markenbotschafterin für ADLER, für die ich seit mehr als 15 Jahren aktiv bin, reise ich zuweilen über den großen Teich nach Amerika, beispielsweise, wenn dort ein Fotoshooting für eine neue Kollektion ansteht. An eine herrliche Episode erinnere ich mich im Zusammenhang mit einer solchen Reise nach New York vor ein paar Jahren, wo ich ganz plötzlich mitten auf der 5th Avenue einen großen fleischfarbenen Dildo in der Hand hatte. Seien Sie nicht geschockt, liebe Leserinnen, weil ich sonst immer so seriös wirke – ich bin im ‚wirklichen Leben' nämlich immer sofort am Start, wenn es um kindische Sachen geht!

Nun, und so hatten wir während jener Reise wie immer neben der Arbeit am letzten Tag auch etwas Freizeit, die wir zum Stadtbummel nutzten.

New York, New York, if I can make it there, I'll make it anywhere!, summte ich vor mich hin und schlug Cleo, meiner Managerin und Freundin vor, über die berühmte 5th Avenue zu bummeln. Ich liebe den Film ‚Frühstück bei Tiffany' mit der atemberaubenden Audrey Hepburn. Man kann jetzt bei Tiffany wirklich frühstücken. Doch die Frühstückszeit war vorbei, so wandelten wir weiter die Straße hoch, bis uns weit oben auf der 5th Avenue auf einmal ein Sexshop anlachte. Großartig, dachte ich amüsiert, das ist doch einfach ideal für ein prüdes katholisches Mädchen vom Land, hier in weiter Ferne unbehelligt einen Sexshop zu besuchen. Cleo hatte den Laden noch nicht entdeckt, doch ich stieß sie abenteuerlustig und begeistert an:

„Mensch, Cleo, guck mal, die sind doch so prüde, die Amis, und jetzt haben die hier so einen Dildo-Laden. Woll'n wir da nicht mal rein?"

Da standen wir dann also vor diesem Laden und sahen uns das Schaufenster an. Faszinierend! Dildos in allen Größen und Formen. Schmetterlings- oder Delphin-Dildos, goldene, rosa und elegant-schwarze, kleine, große und übergroße, bewegliche Gummi-Dildos und feste Dildos aus was für einem Material auch immer. Eine riesige Auswahl. Für alle war etwas dabei. Ganz aufgeregt entdeckte ich ein extrem großes Kunststoffglied in einer spannend unidentifizierbaren Gestalt.

„Sieh nur, Cleo! Was für ein Teil! Soll ich dir den zu Weihnachten schenken? Der sieht doch wohl mal mega aus!"

Cleo bekam die Krise – wie so oft bei unseren Abenteuern – und wehrte ab: „Wenn du da unbedingt rein willst – ich warte hier draußen!"

Ich konnte natürlich gar nicht anders. Ich musste da rein, das musste ich sehen. Es war ja auch wirklich die Gelegenheit, denn ich fühlte mich total frei, weil ich so etwas in Deutschland niemals machen könnte. Die Leute würden mich erkennen und gewiss stünde es am nächsten Tag sofort in der BILD-Zeitung: *Birgit Schrowange im Sexrausch – Dildos statt Demut!* Da sind wir wieder bei dem Thema: der Fluch der Berühmtheit.

Wie auch immer, voller Vergnügen ging ich in den Laden und schaute mir alles, was es da so gab, in Ruhe an. Regale voll mit Dildos in den unterschiedlichsten Größen und Formen. Mein Gott, dachte ich, was stehen denn da für Geräte. Wie kann man sich denn sowas einführen ... Riesenpöller überall. Nicht, dass Sie jetzt denken, ich hab da was gekauft. Ich geh da eher rein wie ein neugieriger Teenager.

Die Auswahl erschlug mich förmlich, und es war sonnenklar: Da hatten kreative Köpfe diesen Shop des Genitalien-Gewerbes mit Ware ausgestattet. Neugierig und ganz nach dem Motto ‚Lebenslanges Lernen' fragte ich den Verkäufer, wie die verschiedenen Teile denn genau funktionieren. Er gab bereitwillig Auskunft, als sei es das Normalste auf der Welt. Und ehrlich gesagt, warum soll man auch keinen Dildo benutzen, wenn man Freude daran hat? Ich schaute, staunte und lernte, bis ich auf einmal ein riesiges fleischiges rosafarbenes Exemplar entdeckte. Den musste Cleo sehen! Ich war ganz aufgeregt und bat den Verkäufer:

„Please, just a minute – I must show this to my friend. She doesn't want to come in. I'll be back in a minute, I promise …

Er nickte ergeben – er merkte wohl schon, dass er mit mir keinen Umsatz machen würde –, und so lief ich raus aus dem leicht verdunkelten Laden ins grelle Tageslicht, hielt eine Hand über meine blinzelnden Augen, den Dildo in der anderen Hand und schaute nach Cleo, die mittlerweile zum nächsten Laden gebummelt war. Ich schrie über die 5th Avenue:

„Cleo, guck mal, willst du den zu Weihnachten?"

Cleo drehte sich um und sah erstarrt zu mir rüber. Im selben Moment kam auch ein Ehepaar auf mich zu, blieb stehen und musterte mich.

„Sind Sie nicht Frau Schrowange? Können wir ein Foto mit Ihnen machen?"

Für eine Nanosekunde dachte ich: *Boden, tu dich auf!* Doch dann reagierte ich geistesgegenwärtig und Cleo, die mittlerweile wieder bei mir stand – wahrscheinlich auch, um mich an weiteren Dummheiten zu hindern –, fühlte plötzlich, wie ich ihr blitzschnell den rosa Pimmel in die Hand drückte und mich dem Ehepaar zuwandte:

„Ja, klar, sehr gerne!"

Ein paar Selfies, ein paar Worte, die beiden bedankten sich und gingen weiter, kichernd und tuschelnd, derweil die arme Cleo immer noch mit dem Riesen-Dildo da stand und nicht wusste, wohin damit. Ich musste so lachen! Sie fand es nicht so lustig und hat mich ausgeschimpft:

„Was machst du hier wieder für Sachen!?"

Wir haben den Dildo zwar nicht käuflich erworben. Als ich ihn zurückbrachte, bestätigte ich dem Verkäufer aber, dass es sich in der Tat um ein ganz grandioses Prachtexemplar handeln würde, dass wir jedoch gerade keinen Bedarf dafür hätten, da wir uns weiter diese herrliche Stadt anschauen müssten. Er schaute etwas verwirrt. Wir ließen ihn und den Dildo zurück.

Die arme Cleo muss immer viel mit mir erleben. Manchmal habe ich ein kleines bisschen ein schlechtes Gewissen, da sie so ganz anders ist als ich. Doch das macht unsere Freundschaft ja auch so spannend. Und ich erkenne ihr hoch an, dass sie das alles mit mir aushält. Danke, Cleo!

Champagner-Jochen versteht Spaß

Es ist unmöglich witzig zu sein ohne ein bisschen Bosheit.
Die Bosheit eines guten Witzes ist der Widerhaken, der ihn haften lässt.

RICHARD BRINSLEY SHERIDAN

Doch nicht nur strapaziere ich die Nerven anderer mit meinen Späßen. Auch machen andere mich bisweilen zur Zielscheibe verrückter Ideen. Und so hatte mich einige Zeit später, 2015 nach Erscheinen meines Buches die versteckte Kamera von *Verstehen Sie Spaß* mal wieder reingelegt. 2013 war ich schon einmal veräppelt worden, als mir vor meinem Hotelzimmer im 8. Stock ein Pferd begegnete. Diesmal jedoch war alles so ‚normal'. Niemals wäre ich darauf gekommen, dass Guido Cantz seine Finger im Spiel hatte.

Ich sollte in einer Lesung mein neues Buch *Es darf gern ein bisschen mehr sein* vorstellen.

Doch bevor ich Ihnen nun diese Geschichte erzähle, kann ich es nicht lassen und muss vorher einfach mal ein bisschen angeben mit meinen Lesungen, denn es ist einfach wahr: Meine Lesungen sind immer ausverkauft und ein Bombenerfolg, das darf ich ganz unbescheiden sagen, nach dem Motto meiner Oma: *Bescheidenheit ist eine Zier, doch weiter kommst du ohne ihr.* Ich hatte schon so viele tolle Begegnungen bei meinen Lesungen, die mittlerweile sogar richtige Spaßabende geworden sind. Ich freue mich an diesen Abenden ganz besonders, dass die Menschen mir an den Lippen hängen und die richtige Birgit kennenlernen können und nicht *Frau Schrowange, die Magazinmoderatorin* vor Augen haben. Auf dieser Bühne kann ich mich ausleben und zeigen, wie ich wirklich bin. Das macht mir so einen Riesenspaß, und ich freue mich jetzt schon auf die Lesungen mit diesem Buch.

So jetzt aber zu der ganz besonderen Lesung, bei der mich die Versteckte Kamera reingelegt hat. Ich saß nichtsahnend im Saal, freute mich auf meine Lesung und wunderte mich noch, dass diesmal so viele Männer anwesend waren.

„Normalerweise ist die Frauenquote bei meinen Lesungen höher als bei Roland-Kaiser-Konzerten", bemerkte ich nach meinem Blick durchs Publikum. „Aber diesmal scheint das ja anders zu sein."

Da stand ein Mann auf und rechtfertigte seine Anwesenheit: „Freiwillig bin ich nicht hier, meine Frau hat mich genötigt."

Ein anderer krakeelte:

„Wenn Sie lieber nur für Frauen lesen, wir können auch wieder gehen."

Das kann ja lustig werden, dachte ich. Doch ich würde mich auf keinen Fall aus dem Konzept bringen lassen. Vielleicht half es, in die Offensive zu gehen, überlegte ich. Ich wandte mich einem anderen Mann aus der ersten Reihe zu und fragte ihn, warum er hier sei.

„Mein Herz", so seine Erklärung, und er stellte sich als Jochen vor.

Ich fasse es nicht, dachte ich, ein Jochen hatte mir auf Facebook geschrieben, dass er mit Champagner vorbeikommen und mir sein Herz öffnen würde. Das also war Champagner-Jochen! Er hatte seine ‚Androhung' tatsächlich wahrgemacht. Doch letztlich ja irgendwie ein Netter, dachte ich, und zur Belustigung des Publikums stießen wir mit seinem mitgebrachten Champagner an. Was für eine merkwürdige Lesung! Noch hatte ich keine einzige Zeile meines Buches vorgelesen!

Als ich dann endlich loslegte und an die Stelle kam, wo ich darüber erzähle, dass meine Mutter sich einen Beamten als Mann für mich gewünscht hatte, unterbrach mich der Mann, der nicht freiwillig da war, und outete sich stolz als Beamter. Ohne Erfolg bemühte sich seine sichtlich peinlich berührte Gattin, ihn zum Schweigen zu bringen.

„Lassen Sie doch mal Ihre Frau zu Wort kommen!", versuchte ich zu unterstützen. Doch er setzte noch einen drauf:

„Die redet zu Hause schon genug!"

Ich war baff, so etwas hatte ich noch nie erlebt, konterte mit Witz gegen die Unverschämtheiten und zog die Lacher auf meine Seite. Von so viel Testosteron lasse ich mich nicht beirren, dachte ich.

Champagner-Jochen unterbrach mich zwischendurch immer mal wieder mit charmantem Flirten in meine Richtung. Der Veranstalter eilte mir zur Hilfe und forderte alle auf, sich zu beruhigen, damit ich mit der Lesung fortfahren könne.

Ich las und kam an die Stelle, an der ich über alte Männer schreibe, die sich per Anzeige 30 Jahre jüngere Frauen zwecks Familiengründung suchen, als genau solch ein Paar aufstand und an mir vorbeirauschte.

„Warum gehen Sie denn jetzt?", versuchte ich noch schnell zu erfahren. Der alte Mann sah mich beleidigt an und sagte verklärt:

„Meine Frau und ich, wir lieben uns."

Einer der beiden schlimmen Männer sprang ihm bei sogleich bei:

„Das haben Sie jetzt von Ihrem Buch!"

Ich verteidigte mich:

„Ja, haben Sie denn den Mann gesehen?! Ich wette, der hat Kohle!"

Da stand Champagner-Jochen auf, kam zu mir, prostete mir zu und küsste mich auf die Wange.

Ich wurde immer verwirrter und rief laut nach Cleo. Meine Cleo. Cleo, meine Managerin, war natürlich auch da.

„Cleo ist ein Supertyp, die sollten Sie mal kennenlernen! Und sie hat einen Superbusen! Den hat sie bezahlt von meinen Provisionen!" Immer wenn ich diesen Spaß anwenden kann, so wie jetzt in dieser Lesung auch, verweise ich darauf, dass sie ihren formidablen Vorbau von meinen Provisionen bezahlt hat, obwohl das natürlich nur ein Witz sein soll und Cleos Busen durch und durch echt ist. Ich wusste ja damals noch nicht, dass das alles fürs Fernsehen aufgenommen würde. Von Cleo gab es natürlich wieder Schimpfe: „Wie konntest du nur??? Was hast du schon wieder gemacht?"
Aber letztlich kann sie einiges ab. Wir kennen uns lange und ich habe sie schon ziemlich abgehärtet. Seien es Dildos in New York oder das Anpreisen ihres Vorbaus – sie erträgt mich mit Bravour.

Als ich schließlich weiterlesen wollte, kam Champagner-Jochen schon wieder nach vorne, um mich nach einem kurzen Exkurs über seinen starken Herzmuskel zu fragen, ob ich ihn heiraten wolle. Jetzt konnte ich nur noch lachen! In dieser Lesung konnte es doch nicht mit rechten Dingen zugehen. Ich lehnte das charmante Angebot ab, und plötzlich hörte ich eine Stimme.
„Ich würde dich auch nehmen!"
Ich sah mich um, woher diese Stimme wohl kam. Plötzlich stand Guido Cantz neben mir.

Nicht zu fassen! Guido Cantz und sein Team von *Verstehen Sie Spaß?* hatten mich mit ihrer versteckten Kamera erfolgreich in die Falle gelockt! Und all die ‚bösen' Macho-Männer, das Ehepaar und auch Champagner-Jochen waren Schauspieler! Hut ab, Guido, ich bin dir voll auf den Leim gegangen!

Dienstags ist der beste Tag

Ich war nicht wirklich nackt.
Ich hatte nur keine Kleider an.

JOSEPHINE BAKER

Natürlich hat es Vorteile, wenn man bekannt ist. Aber es hat ja, wie bereits gesehen, auch Nachteile. Man denke an die schlüpfrigen Umgebungen des Sexshop- und Reeperbahnerlebnisses. Doch auch eigentlich ganz harmlose Orte gehören dazu: die Sauna zum Beispiel. Da übernehmen bei mir sofort Glaubenssätze, Prägungen und Schamgefühle aus früherer Zeit die Regie. Oder anders ausgedrückt: Saunieren erzeugt bei mir unbehagliche Gefühle, weil ich ja nun auch nicht unbedingt so aussehe wie Heidi Klum. Dass so etwas Unsinn ist und jeder Mensch mit Freude und unbeschwert in die Sauna gehen sollte, ist klar. Trotzdem geht bei mir das Unbehagen los bei dem Gedanken, erkannt werden zu können.

Bestimmte Sachen kann man also nicht machen, denke ich zuweilen. Ich war mal mit Frank in Österreich im Hotel Stanglwirt, eines meiner absoluten Lieblingshotels, ein wunderschönes Bio-Hotel. Ideal für Seelen, die eine Auszeit brauchen.

In diesem Hotel gibt es auch eine fantastische Saunalandschaft. Und immer wieder höre ich: Du musst unbedingt in diese Sauna gehen. Die tollen Aufgüsse! Balsam für Seele und Haut, überhaupt für das gesamte Wohlbefinden. Doch ich zögerte lange. *Wenn mich da einer erkennt ...* Ein Tipp überzeugte mich schließlich: *Geh dienstags – da ist nie jemand dort!*

Dann war Dienstag, und voller Tatendrang rief ich: *Los Frank! Jetzt saunieren wir!* Gesagt, getan. Frank und ich betraten die Saunalandschaft. Wirklich herrlich war es dort. Und tatsächlich war außer uns niemand zu sehen. Wir waren allein, ich fühlte mich wohl und konnte langsam entspannen. Wie Gott mich geschaffen hatte, hockte ich dort mit meinem Adam alias Frank an meiner Seite und fühlte, wie das Porenwasser an mir herunterrann und mich kitzelte.

Doch dann auf einmal ging die Tür auf, ein ganzer Schwung Menschen drängte sich herein. *Verdammt!* Ich verkrampfte sofort, wollte mich bedecken und verstecken. Doch natürlich sind Verstecke in einer Sauna rar. *Contenance, Birgit!*, beschwor ich mein erstarrtes Inneres, als sich ein leicht fülliger Mann ausgerechnet direkt links neben mich setzte. *Na prima*, dachte ich und rückte näher an Frank heran. Die neue Gruppe Nackter saunierte anders als ich es gewohnt war. Sie lachten, feixten und unterhielten sich. Dann sprach der fülligere Herr neben mir. Mir stockte fast das Herz. *Ach, du lieber Himmel, die Stimme kennst du doch!* Ich drehte meinen Kopf vorsichtig etwas nach links, senkte meinen Blick, und hoffte, dass dabei meine feuchten Ponyfransen derart über meine Augen fielen, dass ich wie durch einen schützenden Vorhang unbemerkt blinzeln und die Identität meines Nebenmannes identifizieren konnte, während ich selbst unerkannt blieb. Meine investigative Strategie ging nicht auf. In dem Moment, als ich sah, wer er war, grinste der Nackte mich freundlich an. Neben mir saß DJ Ötzi. *Hallo, liebe Birgit! Die Welt ist klein!*

Hier sieht man mal wieder, wie kraftvoll Prägungen der Erziehung uns Menschen im Griff haben. Denn mal ehrlich – Saunieren ist etwas ganz Normales, dabei nackt sein sowieso. Was also ist das Problem? Und doch machte ich mir einfach in diesem Augenblick ein Problem. Ein Automatismus lief ab, gegen den ich nur schwer ankam. Und so saß ich da verschämt, versuchte unbeholfen, locker zu sein, während aber in Wirklichkeit mein erhitztes pulsierendes Blut noch mal einen Zahn zulegte. Ich spürte, dass ich feuerrot war. Frank, der auf der anderen Seite neben mir saß, amüsierte sich königlich. Hier können wir uns wieder von den Männern was abgucken, die viel unkomplizierter mit solchen Dingen umgehen.

Ich aber dachte nur noch panisch darüber nach, wie ich aus dieser Situation elegant und lebend herauskäme. Ich musste ja etwas früher als Ötzi und die anderen wieder aufstehen und rausgehen, wenn ich nicht hier in der Sauna den Hitzetod sterben wollte. Für mich war klar, wenn ich aufstünde, würden Ötzis Blicke und natürlich auch die der anderen mich detektivisch abscannen – sie warteten wahrscheinlich nur darauf, dass ich aufstand, um mir hinterherstarren zu können. Einen Augenblick lang war ich hin und her gerissen zwischen mutigem Aufstehen und Verharren mit Inkaufnahme von Ohnmacht und Hitzetod.

Natürlich entschloss ich mich fürs Leben. Und als ich aufstand, um hinauszugehen, und mein Handtuch mit so viel Lässigkeit wie möglich um mich schlang, interessierte es, wie man sich denken kann, keine Socke.

Nun, ich bin halt so großgeworden, in einer Zeit, wo Nacktsein und Körperliches ganz eng verflochten waren mit Scham und Sünde. Viele andere meiner Generation können diese Gefühle sicherlich bestätigen. Und obwohl ich doch im Großen und Ganzen heutzutage all meine Hemmungen abgelegt habe und mich wirklich in meiner Haut wohlfühle, holen mich unsinnige Ängste zwischendurch immer mal wieder ein.

Das Schöne: Man kann diesen Peinlichkeiten ja auch ganz viel Komik abgewinnen. Denn letztlich haben solche Erlebnisse viel Witz und Charme. Und in der Sauna ist immerhin eines sicher: Niemand fragt nach einem Autogramm …

In den Fängen von Sünde und Schuld

Wer glaubt, ein Christ zu sein, weil er die Kirche besucht, irrt sich. Man wird ja auch kein Auto, wenn man in eine Garage geht.
ALBERT SCHWEITZER

Doch woher genau kommt nun dieses komische Gefühl, das ich habe, wenn ich in die Sauna gehe, dieses Gefühl, als würde ich etwas falsch machen? Für mich hat das streng katholische Umfeld, in dem ich aufgewachsen bin, viel damit zu tun. Es ist ein Umfeld von Sünde und Schuld. Nach christlichem Verständnis kommen wir bereits als Sünder auf die Welt. Verstöße gegen Gottes Gebote machen uns nur noch schuldiger, denn es ist völlig unrealistisch, all diese Gebote einzuhalten. So sind wir also, ohne dass wir irgendetwas tun, bereits voller Sünde und Schuld. Und das Empfinden oder Verlangen von und nach Lust oder Körperlichkeit ist sowieso Sünde, das wurde mir eingetrichtert in meinem katholischen Umfeld.

Der Theologe und Psychotherapeut Bernd Deininger beschreibt eindringlich in seinem Buch, *Wie die Kirche ihre Macht missbraucht*, wie ihm alle sinnlichen Freuden vergiftet wurden: „,Lasst die Finger von den Geschlechtsteilen', gebot der Vikar immer wieder, ,wenn ihr masturbiert, läuft euch das Rückenmark aus!' Allein der Gedanke an Selbstbefriedigung war schon sündig. Dieser Vikar sagte uns auch, wir sollten nicht hinter den Mädchen her starren, mäßig essen, kein Bier trinken und uns auch sonst nicht vergnügen. Das ließ uns bedrückt und wortkarg zurück. Durch seine Worte hatte der Vikar nahezu allem, was Spaß machte, den Makel der Sündhaftigkeit angeheftet. Jedes lustvolle Erlebnis war begleitet vom Gefühl, etwas Falsches getan zu haben. Obwohl ich Gott nach wie vor für freundlich hielt, litt ich unter der Vorstellung, ihm zu missfallen."

Genauso habe ich das auch erlebt. Selbstbefriedigung bezeichnete man früher als eine ‚Krankheit'. Heute weiß ich, wie krank diese Sicht ist und auch, wie viel Schaden sie anrichten kann.

Und was ist mit der Beichte von Kindern? Warum müssen kleine Kinder beichten? Die haben doch überhaupt noch keine Sünden.

Im Radio hörte ich mal eine Sendung zum Missbrauch in der katholischen Kirche. Es war ein Gespräch mit dem Forensiker Harald Dreßing, der die Missbrauchsstudie der Deutschen Bischofskonferenz geleitet und 2019 neue Erkenntnisse zu den gesundheitlichen Folgen für die Opfer veröffentlicht hat. Dreßing berichtet aus den Studienergebnissen, dass die Beichte von Kindern benutzt wurde, um Kinder auszuspähen und herauszufinden, wer sich als Opfer eignen würde. Dreßing erklärt, dass Kinder in dem Alter, in dem sie beichten sollen, überhaupt nicht in der Lage sind, eine solche

Schuld zu beichten, wie das von ihnen verlangt wird. Er fordert, die Kinderbeichte müsste eigentlich abgeschafft werden.

Wir hatten bei uns im Dorf auch einen Priester, zu dem sich meine Schwester immer auf den Schoß setzen musste. Mir wird immer ganz übel, wenn ich daran denke. Der Priester wurde nie zur Rede gestellt. Immerhin musste meine Schwester fortan nicht mehr zur Beichte.

„Mama, wieso muss ich denn zur Beichte?", nervte ich von da an oft meine Mutter.

„Weil es alle machen", war ihre knappe Begründung, mit der sie die ganze Sache wegschob.

„Aber warum muss ich denn überhaupt in die Kirche?", bohrte ich weiter, wenn Messe war.

„Ja, weil alle gehen", war wieder ihre Antwort.

Ich bin doch nicht ‚alle'!

Das hat mich in meiner Kindheit und Jugend immer verrückt gemacht. Doch ich konnte nichts machen. Der allgemeine Tenor war immer: *Keine Diskussion! ... Was sollen die Nachbarn denken? ... weil alle es machen.* Da läuft mir wirklich ein Schauer über den Rücken, denn es ist ganz einfach gefährlich: etwas machen, weil alle es machen. Mitlaufen und etwas mitmachen, weil die große Masse es macht, führt zu nichts Gutem. Mir war es immer wichtig, mir über eine Sache immer selbst ein Urteil zu bilden und Zusammenhänge zu durchdringen, bevor ich Entscheidungen treffe.

Doch zurück zu Schuld und Sünde. Diese Schuldgefühle, die in uns Kindern so stark verankert wurden, dass viele sie bis heute auch als Erwachsene nicht loswerden. Ich habe auch lange gebraucht, um sie loszuwerden. Wenn ich heute mit meiner Mutter rede, stelle ich fest, dass auch sie sich verändert hat und vieles von früher hinterfragt. Das finde ich schön.

Bernd Deininger schreibt, dass die Schuldgefühle so stark sein können, dass sich pathologische Symptome bilden. So leiden Menschen häufig nicht an Schuldgefühlen, weil sie etwas Schlimmes getan haben, sondern weil sie sich schon allein aufgrund ihrer eigenen Existenz schuldig fühlen. Und indem Menschen zu Sündern erzogen werden, festigen die Kirchen natürlich ihre Macht. Ein geradezu teuflisches Spiel. Man muss sich das bewusst machen und lernen, dieser Falle zu entkommen.

Und das ist oft leichter gesagt als getan. Bei der Reflexion über die Sauna-Problematik mag vielleicht aufschlussreich sein, dass ich meine Eltern in meinem ganzen Leben noch nie nackt gesehen habe. Die Eltern nackt zu sehen, war unüblich. So genant sind wir erzogen worden. Und diese katholische anerzogene Körperfeindlichkeit, die sich dann natürlich auch gegen den eigenen Körper richtet, prägt einen für das ganze Leben! Der liebe Gott dagegen hat uns sehr wohl auch die Sexualität und Freude an unserem Körper mitgegeben. Ich glaube schon, dass viele Priester in der Kirche diese Lust- und Körperfeindlichkeit bewusst einsetzen, um die Gläubigen durch vermeintliche Schuld zu unterdrücken und um Macht über sie auszuüben.

Das Körperliche zuzulassen, das habe ich daher auch erst spät Schritt für Schritt gelernt. Mit der Geburt meines Sohnes habe ich Körperlichkeit dann noch mal ganz intensiv erlebt und reflektiert. Ohne unbedingt viel darüber zu wissen, ist wahrscheinlich sonnenklar, dass man ein Baby in den ersten Lebensmonaten ganz bestimmt nicht durch zu viel Körperkontakt verwöhnen kann. Ich las einmal, dass ein Embryo in der immer enger werdenden Gebärmutter sehr intensiven Berührungsreizen ausgesetzt ist. Die Haut, der Tastsinn, ist nicht nur das größte, sondern auch das am weitesten entwickelte Sinnesorgan eines Babys direkt nach der Geburt. Und dieser Sinn benötigt nach dem Verlassen der Gebärmutter weiterhin Reize. Sie lösen im Kind ein angenehmes Wohlbefinden aus und tragen dazu bei, dass das Baby das sogenannte Urvertrauen aufbauen kann.

In einem Artikel der Autorin Sophia Wagner auf *Quarks & Co.* las ich, dass man bis in die 1950er Jahre jungen Müttern riet, den Körperkontakt mit ihren Säuglingen möglichst aufs Füttern zu beschränken. Kuscheln und Trösten wurden für die Entwicklung des Kindes als negativ angesehen. Erst der Psychologe Harry Harlow zeigte 1957 durch Forschungen mit Äffchen, dass Berührung und sozialer Kontakt für die weitere positive Entwicklung unbedingt notwendig seien. Wenn ein Baby nicht berührt wird, stirbt es. Das, was hier für den Anfang des Menschenlebens gilt, sollte auch für die letzte Lebensphase einmal reflektiert werden. Man denke doch bitte einmal an die zunehmende Zahl älterer Menschen, von denen so viele einsam sind und niemals eine Umarmung oder überhaupt irgendeine Berührung erfahren. Dies macht mich sehr nachdenklich. Wer einsam ist und ohne Partner lebt, hat Studien zufolge eine kürzere Lebenserwartung und ein höheres Krankheitsrisiko. Ganz ohne Frage gehören so einfache Dinge wie Nähe und Geborgenheit, sich umarmen, ein Streicheln oder die Hand halten dazu. Es ist erwiesen: Umarmungen machen gesund. Der Blutdruck sinkt, Ängste und Schmerzen lassen nach, das Selbstwertgefühl wächst. Regelmäßige Umarmungen sollen sogar das Immunsystem stärken und uns weniger anfällig für Erkältungsviren machen. Daher können Tiere auch ein wertvoller Lebensbegleiter für alleinstehende alte Menschen werden. Studien haben gezeigt, dass es zur Endorphin-Ausschüttung kommt und Stress abgebaut wird, wenn man einen Hund, eine Katze oder ein Meerschweinchen streichelt. Also, wie wäre es mit einem Haustier? Haustiere sollten in Altenheimen unbedingt zugelassen werden!

Sophia Wagner kommt zu dem Schluss: „Einmal am Tag 20 Sekunden umarmen. Das gehört genauso ins Gesundheits-Repertoire wie der tägliche Apfel."

Gehen wenn's am schönsten ist – RTL

Das Leben ist wundervoll. Es gibt Augenblicke,
da möchte man sterben.
Aber dann geschieht etwas Neues, und man glaubt,
man sei im Himmel.

EDITH PIAF

Man muss wissen, wann man geht. Am besten, wenn's am schönsten ist. Und letztlich habe ich das auch so gemacht. Bereits vor drei Jahren, als ich mich so ganz allmählich meinem runden Geburtstag von 60 Lenzen näherte, klopfte meine innere Stimme leise bei mir an. Ich spürte, dass meine Sendung mich nicht mehr so erfüllte, wie es sein sollte, die Routine immer mehr überhandnahm. Erst einmal sagte ich nichts. Denn es ist ja auch richtig, eine solche Entscheidung ungestört im Inneren reifen zu lassen.

Und dann reifte sie und entfaltete sich zur Klarheit. Ich wollte diese langjährige Liaison nun lösen. Es war ein Gemisch aus Verschiedenem, das in mir wuchs. An vorderster Stelle: der Wunsch nach vollständiger Freiheit von jedweder regelmäßigen Verpflichtung. Das freie Verfügen über all die Zeit, die mir nun noch blieb für den letzten größeren Lebensabschnitt. Und dann aber auch: Ich war der Sendung irgendwie entwachsen. Ich kam mir manchmal komisch vor bei dem, was ich tat. Ich passte nicht mehr wirklich zu meinen Themen. Es fühlte sich nicht mehr richtig an. Manchmal, wenn ich meinen wundervollen Kollegen Ralf Herrmann – unseren Bauernreporter – zu Gast hatte zum Interview, überkam mich der Gedanke: *Was mache ich hier? Über was spreche ich hier? Hier gehörte doch jemand Jüngeres hin.* Das passte nicht mehr, fühlte ich. Und weil es nicht passte, begann es mich nicht mehr zu erfüllen. Es war nicht mehr meins. Es war an der Zeit, über den perfekten Abschied nachzudenken. Und keinen besseren und wertschätzenderen Augenblick konnte ich mir vorstellen, als das 25-jährige Jubiläum, das EXTRA und mich verband.

Meine Sendung EXTRA hat mir all die Jahre meist viel Spaß gemacht. Start und Schluss waren eine außergewöhnlich runde Sache und dazwischen war es ein Leben, bunt gemischt aus vielen Höhen und natürlich auch Tiefen, in denen ich viele Redaktionsleiter kommen und gehen sah. Ich kam vor 25 Jahren zum exakt richtigen Augenblick in RTL-Studio. Das Schmuddel-Image hatte der Sender hinter sich gelassen, es war noch eine Aufbruchstimmung zu spüren, wir konnten tolle Reportagen machen und uns so richtig in unseren Themen verwirklichen. Auch meine anderen Formate, *Life! Die Lust zu leben, Life! Total verrückt* und *Life! Dumm gelaufen*, begleiteten mich einige Jahre mit vielen wunderbaren Erlebnissen, an die ich mich gerne erinnere.

Das schöne Kapitel ist nun zu Ende. Eine Zeit, der ich entwachse, das habe ich gefühlt – nun heißt es auf zu neuen Ufern. Jetzt mache ich – und das kann ich deshalb, weil ich immer auf mein Geld aufgepasst habe – nur noch, was ich will und was mich erfüllt. Was zu einem ganz großen Teil auch dazugehören wird: Ich möchte Dinge zurückgeben. Denn eines ist ganz wichtig, denke ich: Wenn man viel bekommen hat im Leben, muss man etwas zurückgeben. Nun habe ich ganz viel Zeit, mich in Ruhe umzuschauen, wo ich etwas zurückgeben kann. Es gibt so viele Möglichkeiten. Ich freue mich zum Beispiel, wenn ich junge Menschen unterstützen kann. Letztlich natürlich generell Menschen. Dabei bekommt man dann wieder unendlich viel zurück.

ICH BIN IM LEBEN IMMER SOFORT AM START, WENN ES UM KINDISCHE SACHEN GEHT!

Loslassen – Das Beste zum Schluss

Das Leben ist wie eine Schachtel Pralinen, man weiß nie, was man bekommt.
AUS FORREST GUMP

Manchmal empfinde ich eine Melancholie, wenn ich daran denke, dass sich eigentlich alles im Leben mit dem Thema Loslassen beschäftigt. Du kriegst ein Kind, und auf einmal ist das Kind groß, verlässt das Nest, studiert in England. Und ich frage mich, ja, bitte sehr, wo ist denn die Zeit geblieben? Gefühlt war ich gestern noch die jüngste Fernsehansagerin, doch in Wirklichkeit ist es 40 Jahre her, als ich in den Medien anfing, und jetzt bin ich über 60. Die Zahl hört sich komisch an, weil sich vor meinem inneren Auge das Bild zeigt, wie ich früher 60-Jährige wahrnahm. In meiner Jugend auf dem Dorf kleideten sich ältere Frauen meist unauffällig, oft sehr dunkel, sie waren ungeschminkt, fast schien es, als wollten sie unsichtbar sein, als würden und wollten sie auch nicht mehr wirklich im Bild erscheinen, sondern unauffällig verschmelzen mit dem Hintergrund. Ich bin aber immer noch sichtbar! Geschminkt und ungeschminkt. Und auch wenn ich keine Bühne mehr brauche – ich möchte gerne noch sichtbar bleiben.

Ich denke wieder an Petra Schürmann. Petra war immer mein Vorbild und eine gute Freundin, auch wenn sie 20 Jahre älter war als ich. Längst ist sie tot, und selbst auf die Gefahr, dass es kitschig klingt: In meinem Herzen lebt sie weiter. Wie oft haben wir bei vielen gemeinsamen Messeauftritten zusammengesessen und über Gott und die Welt geredet. Sie war keine von den Frauen, die abblocken und neidisch darauf achten, sich bloß nicht in die Karten schauen zu lassen. Im Gegenteil: Petra hat mich immer unterstützt. Sie konnte viel geben.

Nun habe ich meine Sendung EXTRA an Nazan Eckes abgegeben, die wiederum fast 20 Jahre jünger ist als ich. Und dann denke ich, meine Güte, in

Nazans Alter habe ich meinen Sohn bekommen. Wie schnell vergeht die Zeit! Und wenn Nazan in meinem Alter ist, dann bin ich schon über 80. So geht das immer weiter. Irgendwann ist dann der Hintern unter der Erde und wir beißen alle ins Gras. Und obwohl wir das alle wissen, machen wir uns ständig so verrückt und uns das Leben schwer. Je älter ich werde, desto mehr wird mir bewusst, was für ein Blödsinn das ist.

Wir Frauen müssen mehr zusammenhalten, so wie es Petra vorgelebt hat. Wir müssen unsere Erfahrungen weitergeben und uns unterstützen und nicht neidisch sein auf die Jungen oder auf unsere unterschiedlichen Lebensentwürfe. Denn jede hatte ihre Zeit im Leben.

Doch nun heißt es loszulassen: Sei es die eigene Schönheit, die Jugend oder die Kinder, die aus dem Haus gehen, oder den Job, der vorbei ist – loslassen!

Eine sehr gute Freundin ist zurzeit an Krebs erkrankt. Das führt mir noch einmal mehr brutal vor Augen: Das Leben findet JETZT statt. Nicht in der Zukunft, sondern im Hier und Jetzt. Sie ist sehr viel jünger als ich, gerade mal 47, und hat immer zu mir gesagt: „Später werde ich dich im Altenheim besuchen und dich durch die Gegend fahren. Mach dir keine Sorgen, ich besuche dich"… Und jetzt trifft das Schicksal andere Entscheidungen. Je älter man selbst wird, umso näher kommen sie: Krankheit, Tod und Schicksal. Es ist nun mal so, dies gehört zum Leben.

Deshalb kann ich immer wieder nur sagen: Im Hier und Jetzt sein, auf die innere Stimme, den Bauch hören. Wenn man auf dem Totenbett liegt, bereut kaum einer, nicht genug gearbeitet zu haben. Die Menschen bereuen, was sie alles hätten tun sollen. Sie bereuen, zu sehr nach einem anderen Ideal-Leben gesucht zu haben, anstatt einfach sie selbst gewesen zu sein oder zu viel gearbeitet und sich zu wenig um Freunde gekümmert zu haben. Und das eigene Glück – was war damit? Menschen schieben Dinge auf und – und zack, wieder ist ein Jahr rum, und wieder eins und noch eins. Unsere Leben sind rasend schnell vorbei, und wir sind in diesem Universum der Lichtjahre doch eigentlich ohnehin nur ein kleiner Funke.

Ich habe das große Glück, dass es mir gutgeht, gesundheitlich und finanziell. Das ist natürlich nicht bei allen Menschen so. Nicht alle können frühzeitig aufhören, zu arbeiten. Manche müssen sogar noch nach der Rente weiterarbeiten, weil es einfach vorne und hinten nicht reicht. Viele müssen schuften bis zum Umfallen. Deshalb sage ich es hier noch mal: *Frauen, kümmert euch um eure Finanzen! Werdet finanziell gebildet, seht zu, dass ihr frei seid ...*

Ich bin nun dabei, loszulassen. Meinen Sohn habe ich losgelassen, neulich habe ich ihn in England besucht. Seit Laurin das Nest verlassen hat zum Studium in England, nehme ich es bei Besuchen noch viel deutlicher wahr: Er ist erwachsen. Ein richtiger Mann ist mein Kind geworden – und ich bin beeindruckt, wie er sein Leben meistert. Er kann anpacken, seine Wäsche waschen, die Bude und das Klo putzen. Seit einem Jahr hat er eine Freundin, sein Studium macht ihm Freude, er ist gesund und wirklich auch ein attraktiver junger Mann. Ich ziehe den Hut vor ihm, weil er das alles so gut wuppt, in einem fremden Land, in einer kleinen WG mit anderen zusammen. Er findet sich zurecht in seinem Leben. Was mich mit besonders großer Freude erfüllt: Laurin jammert nie und beschwert sich nie über etwas. Er ist ein ganz bescheidener Mensch. Ich bin wahnsinnig glücklich darüber, dass ich so einen Jungen habe. Man möge mir verzeihen, wenn ich hier die stolze Mutter raushängen lasse – es wird bestimmt die eine oder andere Mutter unter Ihnen sein, die solche Gefühle kennt.

Ich lasse meinen Sohn also los, was ganz wichtig ist, und ich schrieb es ja bereits in meinen Gedanken zur Mutterrolle: Man muss den Kindern irgendwann Flügel geben. Ich denke, dies ist mir gelungen.

Auch meine Eltern muss ich irgendwann loslassen. Sie sind kerngesund und ich glaube letztlich, dass sie mir noch lange erhalten bleiben. Dennoch, ihr hohes Alter von 86 Jahren rückt auch die eigene Endlichkeit näher ins Licht. Da wir Menschen den Tod leider völlig aus unserem Leben ausblenden und so tun, als würde alles immer so weitergehen, können wir mit diesem vollkommen natürlichen Thema kaum noch umgehen. Wir leben und denken, so geht es weiter. Aber das tut es nicht. Das Leben ist endlich. Wir sind endlich. Alles ist endlich. Bei uns im Dorf haben wir uns früher immer von den Toten verabschiedet. Verstorbene wurden damals richtig aufgebahrt und auch wir Kinder gingen an den Sarg, schauten uns den sorgfältig zurechtgemachten Toten an und sagten *Tschüss*. Das hat mir gutgetan. Es holte den Tod als etwas Natürliches in unsere Mitte und nahm ihm den Schrecken. Und heute? Heute wird ganz schnell das Thema gewechselt, denn über den Tod redet man nicht. Doch wir müssen uns die Endlichkeit unseres Lebens bewusstmachen, damit wir auch viel bewusster darüber nachsinnen: *Was will ich mit dem Rest meiner Zeit machen?*

Ich habe mir vorgenommen, ich möchte 100 werden und wenn's sein muss, auch aus dem Fenster steigen, wie der hundertjährige Allan Karlsson aus dem erfrischenden Buch von Jonas Jonasson: *Der Hundertjährige, der aus dem Fenster stieg und verschwand* – ein herrliches Buch! Natürlich muss man auch etwas dafür tun, sich geistig und körperlich fit halten und zuweilen den inneren Schweinehund überwinden. Selbst mit guten Genen: So ganz von nix kommt nix.

Auch die Schönheit muss man loslassen, denn das Alter verändert natürlich den Körper. Ebenso erfahren Geist und Seele einen Wandel, doch hier empfinde ich eher Zugewinn statt Loslassen. Sicher, manch einer verfestigt existierende Eigenschaften und dreht sich im Alter ichbezogen nur noch um sich selbst, verstärkt durch das Wissen, dass die eigene Lebenszeit zerrinnt. Das ist natürlich kein Gewinn. Es kann aber auch sein, dass das Bewusstsein der eigenen Endlichkeit genau das Gegenteil bewirkt: Man beginnt sich selbst zu lieben und sorgt für sich, wird weicher und bewusster, der Horizont wird weiter, man schaut sogar über den eigenen Horizont hinaus ... und entdeckt neue und andere Möglichkeiten. Dies wiederum hilft dann auch dabei, die Schönheit loszulassen und zu sagen: Was soll's!?

Was mich allerdings fühlbar stört am Älterwerden, das ist das tatsächliche und nicht schönzuredende Nachlassen der Energie und Körperkräfte.

Nicht dass es mich jetzt fundamental runterreißt, doch es gibt Momente, da wünsche ich mir die alte Power – zum Beispiel, wenn es ums Feiern geht. Denn meine Lust am Feiern ist ungebrochen. Heute muss ich mich allerdings nach einer Feier drei Tage erholen. Früher habe ich drei Tage am Stück gefeiert, mich dann kurz geschüttelt wie ein junger nasser Hund und weitergemacht. Das kann ich nicht mehr. Ich sehe es natürlich auch morgens im Spiegel und denke: *Ach du Scheiße, wer bist du denn? In welchem Krieg warst du?* Aber deswegen werde ich trotzdem noch feiern und das Leben genießen – das ist es mir wert!

Hilfe Cellulite! – Wie komm ich ins Wasser?

Ich glaube, dass glückliche Mädchen die schönsten Mädchen sind.
AUDREY HEPBURN

Was Schönheit grundsätzlich betrifft: Die beste Kosmetik ist in der Tat kostenlos: Ein Lachen, ein Spaziergang an der frischen Luft, gute Ernährung, soziale Kontakte und Freundschaften pflegen, ausgehen – all das macht zeitlos schön. Es gibt selbst den unzähligen Falten einer hochbetagten Lady ein warmes und wunderschönes Strahlen. Es ist eine andere Schönheit als die der Jugend. Und das ist gut so. Die Blütezeit der jungen Jahre habe ich längst losgelassen – die Verehrer standen Schlange, auch wenn ich eines nie hatte: eine Zeit ohne die in der Damenwelt so gefürchtete Cellulite.

Übrigens gibt es diese Bezeichnung und damit das ‚Problem' Cellulite erst seit 1973. Ausgerechnet eine Frau, Nicole Ronsard, Betreiberin eines New Yorker Schönheitssalons, erfand den Begriff der Cellulite und erschuf damit eine Scheinerkrankung, die es bis dahin nicht gab. Zuvor hatten sich Sex-Symbole wie Ursula Andress oder Marilyn Monroe sorgenfrei im Bikini mit leicht gedellter Beinhaut gezeigt und niemanden störte es. Die Schönheitssalonbetreiberin Ronsard hatte offensichtlich einen Markt gewittert und durch die Pathologisierung einer vollkommen natürlichen Gegebenheit die Eitelkeit und Unsicherheit unzähliger Frauen getriggert. Cellulite – dieser neu entdeckten ‚Krankheit' musste man natürlich zu Leibe rücken. Ein tolles Geschäft für die Kosmetik- und Pharmaindustrie. Auch mich hat dieser ‚Makel' natürlich schon in heikle Situationen gebracht.

Ich erinnere mich an ein Erlebnis, das noch gar nicht mal so furchtbar lange her ist. Es war auf Mallorca. Meine Nachbarn hatten uns eines Nachmittags auf ihr Boot eingeladen. Es war ein wunderbar sonniger Tag. Exzellentes Badewetter – eigentlich ideal, um mit den Freunden Spaß zu haben, zu schwimmen und die Seele baumeln zu lassen, wenn da nicht diese real-existente Bedrohung wäre: meine Cellulite ...

Die Männer waren längst ins Wasser gesprungen. Meine Nachbarin Annemarie, schlank, fantastische Figur und unverschämt gutaussehend mit ihren 58 Jahren, stand dort neben der Leiter in ihrem Bikini. Toll sah sie aus. Kein Gramm Fett und nicht der Hauch einer Cellulite waren an ihren wohlgeformten Beinen zu sehen. Ich stand etwas entfernt, mit einem Tuch um die Hüften, mein ‚Cellulite-Sicherheitstuch'.

Die Männer riefen nach uns. Das Wasser sei doch so herrlich. Also, rein jetzt! Schwimmen und Spaß haben!

Annemarie nahm die ersten drei Stufen der Leiter, dann sprang sie, stieß einen genüsslichen Seufzer aus und schaute zu mir hoch.

„Los, Birgit, es ist wirklich herrlich. Komm ins Wasser!" Annemarie lachte ausgelassen, drehte sich in Rückenlage und paddelte näher zu den Männern.

„Ja, ich komme gleich, schwimmt schon mal vor!", rief ich zurück.

Da stand ich, total versteinert, mit meinem ‚Cellulite-Sicherheitstuch' und dachte: Wir komm ich jetzt ins Wasser? Ich musste das Tuch ja abnehmen, und wenn ich die Leiter hinunterstiege, würde ich mich umdrehen müssen. Spätestens dann würden sie alle auf meinen Hintern gucken.

„Birgit, wo bleibst du denn?", hörte ich jetzt auch die Männer.

Du liebe Güte, dachte ich, und wurde nervös. *Wie mach ich das denn jetzt? Warum schwammen sie auch alle um das Boot die ganze Zeit? Warum konnten sie nicht mal ein Stück weiter rausschwimmen?*

Nun, es half alles nichts. Da musste ich nun durch. Also legte ich mein Tuch ab. Ich fuhr mit den Händen hinten von der Taille hinunter über Lenden und Po zu den Oberschenkeln, als wolle ich meine Körperhaut dort vorsorglich glattstreichen, damit das Desaster nicht ganz so schlimm ausfiele. Dann ging ich zur Leiter und versuchte sie hinabzusteigen, ohne mich umzudrehen. *Hoffentlich sieht mich keiner*, dachte ich. Natürlich fiel ich so erst recht auf, als ich da wie ein Fragezeichen an der Leiter hing. Dann aber dachte ich endlich: *Scheiß doch der Hund drauf! Ich geh jetzt ins Wasser!* Und natürlich beobachtete niemand, wie ich ins Wasser stieg.

Doch mal ganz im Ernst: Wie schlimm ist es, dass es überhaupt so weit kommen musste, Frauen durch die Pathologisierung eines natürlichen Phänomens so grenzenlos zu verunsichern!? Mit Freude beobachte ich, dass es heute immer mehr bekennende prominente Orangenhautträgerinnen gibt, die diesem Unsinn Paroli bieten! Angelina Kirsch zum Beispiel, Curvy Model und Moderatorin, eine tolle junge Frau, die zu sich steht und kein Problem mit ihren Dellen hat und sie sogar selbstbewusst bei Instagram präsentiert, Britney Spears, Kate Hudson, Mischa Barton und Kylie Minogue zum Beispiel. Und es werden glücklicherweise immer mehr.

Hier auch noch mal das Thema Haare: Angesichts des wacheren Bewusstseins für die eigene Endlichkeit mit dem einhergehenden begrenzter werdenden Zeitkontingent war es äußerst klug, meinem grauen Echthaar das Ja-Wort zu geben. Denn alle zwei Wochen stundenlang beim Frisör sitzen? Wer färbt, muss handeln – vor allem für Dunkelhaarige ist es der pure Stress, wenn der graue Ansatz hervorschimmert! So war ich jahrelang terminlich gebunden und mein notwendiger Friseurbesuch war auf gewisse Weise lebensbestimmend! Was für eine neue Freiheit habe ich nun bekommen, wie viele freie Tage ohne Termin schenkt mir diese Entscheidung! Ich kann jede Frau nur dazu ermuntern, ihrer Natur die Bahn frei zu machen. Natürlich weiß ich, dass nicht jede Frau in der formidablen Situation ist, eine richtig gute Perücke kaufen zu können, unter welcher der graue Nachwuchs unbeschwert erwachsen werden kann. Doch ich bin sicher, dass fachkundige Beratung beim Friseur für jede Frau ganz individuell zu guten Lösungen führt und eine wunderschöne Frisur in Natur zaubert.

Ich würde mich riesig freuen, wenn mein Buch anderen Frauen wirklich Mut macht, selbstbestimmt und selbstbewusster zu leben, ihre Unabhängigkeit zu gestalten und zu feiern, und vor allem lernen, sich so anzunehmen und zu mögen, wie sie sind.

Es erstaunt mich, welche Anstrengungen Frauen unternehmen, um merkwürdigen Schönheitsidealen zu entsprechen. Sie kasteien sich, machen täglich Sport, essen nichts mehr, nehmen nur noch Eiweißdrinks und fragwürdige Diätpulver zu sich, laufen zum Botoxen und schließlich zum Schönheitschirurgen und sind auf einem permanenten Feldzug gegen die vermeintliche Hässlichkeit. Das ist irre! Und wenn es dann noch so weit geht, wie bei jener Bekannten, von der ich eingangs erzählte, die sich ihrem Mann noch nie in natura gezeigt hat, weil sie jeden Morgen eine Stunde früher erst im Bad ihre Schminkzeremonie erledigt. Dieser Perfektionswahn ist verrückt.

Und das besonders Verrückte ist: Männer wollen so etwas gar nicht. Männer wollen keine Barbies. Männer mögen richtige Frauen. Frauen, die essen. Frauen, die lachen. Frauen, die Kumpel sind. Frauen, die man auch mal anpacken kann. In einer richtigen Beziehung müssen Frauen auch Kumpel sein. Partnerschaft und Freundschaft zugleich leben.

Ab 50 steigt das Glück

Die Jugend wäre eine schöne Zeit,
wenn sie erst später im Leben käme.
CHARLIE CHAPLIN

Ich stelle mir vor, dass die nächsten 20 Jahre die schönsten Jahre werden. Und dann lege ich noch 20 weitere schöne Jahre drauf. Denn das, was ich selbst sowieso glaube, ist inzwischen durch zahlreiche Studien belegt: Das Glücksempfinden steigt mit zunehmendem Alter. Menschen ab 50 sind glücklicher und zufriedener, sie gehen gelassener und sicherer durchs Leben und fühlen sich erfahrener, weiser.

Laura Carstensen beschreibt in ihrem Buch *A long bright future* das 50:50-Modell: In den ersten 50 Jahren eignet man sich Wissen und Knowhow an, um es in den nächsten 50 Jahren an seine Umwelt und die Gesellschaft zurückzugeben. Die körperlichen Gebrechen nehmen zwar zu, werden aber durch Gelassenheit und persönliches Wohlbefinden kompensiert.

Sehr interessant ist, dass gemäß diesen Studien dieses Gefühl in der Regel nicht von äußeren Umständen abhängt, sondern dass es tatsächlich der Mensch selbst ist, der sich ändert. Wir stehen als Gesellschaft noch ganz am Anfang, unsere Konzepte neu zu gestalten. Wenn wir jetzt im Durchschnitt 100 werden, dann haben wir nahezu 40 Jahre Rentenalter vor uns. Wie gestalten wir selbst diese Lebensspanne? Wie wird die Gesellschaft darauf reagieren? Es kommen spannende Zeiten auf uns zu! Wer sich näher mit der steigenden Lebenszufriedenheit und dem Potenzial der 50plus-Menschen beschäftigen möchte, der Psychologe Ernst Pöppel hat in einem Buch – *Je älter, desto besser* – interessante Ergebnisse aus der Hirnforschung zusammengetragen. Oder auch die Journalistin Margaret Heckel widmet sich in einem interessanten Buch – *Die Midlife-Boomer: Warum es nie spannender war, älter zu werden* – diesem Thema.

Mir ging es ja genauso: Als ich noch in der Rushhour des Lebens mit Kind und Karriere war, war ich so beschäftigt, dass ich weitaus weniger bewusst lebte als heute. Ab 50 merke ich eine langsame Veränderung in mir. Ich hatte weniger Verlangen nach Materie, Konsum und Erfolg, ich wurde aufmerksamer anderen und mir selbst gegenüber und fing an, generell meine Umwelt bewusster wahrzunehmen und dadurch auch mein eigenes Verhalten zu ändern. Ich merkte, wie mein Glücksempfinden wuchs und immer noch wächst. Vielleicht geht das jetzt immer so weiter, bis ich steinalt aus dem Leben falle? Wer weiß. Doch was ich weiß, ist: Das Alter ist nicht zwangsläufig schlimm. Es liegt viel an uns selbst, was wir aus unserem Leben machen. Ich freue mich immer, Menschen zu begegnen, die aktiv und neugierig sind. Doch natürlich gibt es leider auch viele Leute, die leer vor dem Fernseher sitzen und sich für nichts mehr interessieren. Sofakartoffeln eben!

Da freue ich mich doch sehr über meine aktiven Eltern. Sie nehmen am Leben teil. Wenn sie mit mir auf Mallorca sind, unternehmen sie auch Dinge alleine. Sie sprechen kein Wort Englisch oder Spanisch und fahren trotzdem mit dem Bus kreuz und quer über die Insel. Toll finde ich das! Sie sind immer in Bewegung, sie bleiben nicht stehen. All das setzt natürlich voraus, dass man keine schwere Krankheit hat. Ich bin sehr dankbar, dass es meinen Eltern noch so gut geht.

Bis 80 jung sein – warum nicht?

Alte Leute sind gefährlich;
sie haben keine Angst vor der Zukunft.
GEORGE BERNARD SHAW

Es ist eine Tatsache, der wir mit Dankbarkeit begegnen sollten: Gesundheit vorausgesetzt, spricht nichts dagegen, mit 80 noch aufregende Dinge machen, und zwar auch, wenn der Geldbeutel klein ist. Man kann zum Beispiel als Au-pair-Granny ins Ausland gehen, nach Kanada, in die USA, nach Australien und Reisen mit einer sinnvollen Aufgabe und einem Familienanschluss verbinden. Wen es nicht so sehr in die Ferne zieht, auch hier in Deutschland geht das: Als Granny eine Familie unterstützen oder sich um Leute kümmern, die einsam sind. Es gibt so viele Möglichkeiten! Anderen helfen, ist zudem die beste Selbsthilfe, wenn man doch mal melancholisch wird. Oder wie wär's mit Politik? Nancy Pelosi, US-Politikerin der Demokratischen Partei, ist 80 Jahre alt, seit letztem Jahr Sprecherin des Repräsentantenhauses der Vereinigten Staaten und heizt dem orangenen Mann mit der blonden Tolle ordentlich ein. Konrad Adenauer war übrigens bis zu seinem Tod im Alter von 91 Jahren noch Bundestagsabgeordneter. Ein Rekord, den er bis heute hält. Eine reizvolle Herausforderung, den Rekord zu brechen? Ja, warum nicht?

So viele Lebensentwürfe sind möglich. *Frauen, seid mutig! Wagt etwas Neues!* Auch wenn es sich erst komisch anfühlt und man sich auch ein bisschen fürchtet: *Raus aus der Komfortzone – danach kommt ein viel besserer Komfort!*

Wenn ich heute mein Umfeld beobachte: Auch mit 80 ist man noch nicht zwangsläufig alt, wahr ist dann nur: Man hat schon sehr viele Jahre gelebt. Und letztendlich gilt ohnehin, dass wir unser Alter selbst definieren. Wenn ich mit der Deutschen Bahn reise und über eine App mein Ticket kaufe, muss ich aus irgendeinem Grund immer mein Alter angeben. Die Zahl, die ich dann eintippe, verwundert mich jedes Mal. Echt? Das bin ich? Ich muss dann oft lachen!

Noch was ist in hohem Lebensalter wichtig. Es gibt – wir hatten das Thema ja ganz am Anfang – viele ältere Frauen, die durch das abgelaufene Gatten-Mindesthaltbarkeitsdatum alleine sind. Diesen Frauen möchte ich inständig ans Herz legen, den Lebensmut nicht zu verlieren. Ein Partner ist etwas Wunderbares, doch ich bleibe dabei: Jeder Mensch ist auch für sich ganz alleine vollständig und hat ein wertvolles Leben, auf das er achtgeben muss. Ich war auch zehn Jahre alleine, doch auch in dieser Zeit hatte ich ein gutes Leben. Ich war aktiv, habe mich mit Freunden getroffen, auch mal alleine etwas unternommen oder es mir und meiner Seele zu Hause gemütlich gemacht.

Es gilt aber auch klar zu unterscheiden zwischen Alleinsein und Einsamkeit. Einsamkeit ist nicht an die Anzahl von Menschen gebunden, die man kennt. Man kann auch in einer Beziehung oder Ehe, ja, selbst in einem großen Getümmel von Menschen bei einer Veranstaltung einsam sein. Einsamen Menschen fehlt es häufig an Anerkennung und Beachtung. Daher ist das Gefühl von Einsamkeit ein Warnsignal, schreibt der Neurowissenschaftler John Cacioppo in seinem Buch *Einsamkeit*. Dieses Signal fordert dazu auf, Anschluss zu suchen, Kontakt einzufordern, aktiv zu werden, um den Wunsch dazuzugehören, Freunde zu haben, denen man trauen kann und die sich um einen sorgen, zu verwirklichen. Um zu helfen, hat John Cacioppo das Anti-Einsamkeitsprogramm ‚EASE' entwickelt – zu deutsch ‚Erleichterung'. Das ‚E' steht für ‚extent' – den eigenen Aktionsradius ausdehnen beziehungsweise erweitern, ein Ehrenamt zum Beispiel. Das ‚A' steht für ‚action' – wir müssen uns selbst aktivieren und in die Tat kommen, um aus der Einsamkeit herauszukommen. Das ‚S' steht für ‚selective'. Einsame sollten sorgfältig die Menschen auswählen, mit denen sie Umgang haben möchten und sich dann auch um Austausch bemühen. Das letzte ‚E' bedeutet ‚erwarte das Beste' – ein Appell, Misstrauen und alte Feindschaften fallenzulassen.

Leider strahlen viele Frauen bereits in meinem Alter Resignation aus, so als sei schon alles vorbei. Ich möchte sie dann immer packen und rufen: *Hallo, aufwachen! Der Zug ist noch lange nicht abgefahren! Lebe!* Ich bewundere

Jane Fonda, die momentan jeden Freitag in Amerika für das Klima demonstriert und sich dabei regelmäßig einbuchten lässt. Und das mit 83! Das ist grandios. Sie ist ein Vorbild für mich. Auch wenn sie durch eine Gesichts-OP die Zeit ihrer Jugend anhalten wollte. Immerhin bekennt sie sich dazu und sagt auch, sie sei zwar zufrieden mit dem Ergebnis, aber nicht glücklich damit, dass sie überhaupt das Bedürfnis hatte, sich körperlich verändern zu lassen, um sich besser zu fühlen. Immer wieder hatte sie einen neuen Freund, doch irgendwann sagte sie, *Nööö, das Stübchen da unten bleibt zu, is gut jetzt.* Völlig selbstbestimmt. Toll irgendwie!

Inventur: Was mir guttut

Älter werden heißt auch besser werden.
JACK NICHOLSON

Jetzt kommt also ein neuer Abschnitt auf mich zu. Ich freue mich darauf und möchte diese kommende Zeit genießen. Doch auch Genießen will gelernt sein. Wir sind ja eher so eine Generation, die sehr streng mit sich selbst ist und dazu erzogen wurde, zu funktionieren, auch wenn es uns schlecht geht. Wie oft habe ich moderiert, wenn ich eigentlich krank ins Bett gehört hätte. Dann wurden Antibiotika eingeworfen und einfach weitergemacht. Ich finde es schön, dass heute die jungen Leute anders drauf sind und es scheint, ihnen seien andere Dinge wichtiger, als stets zu funktionieren.

Für meine stets funktionierende Generation ist es daher auch problematischer, mit dem sogenannten Ruhestand klarzukommen. Dieses angebliche Gefühl, nicht mehr gebraucht zu werden, stürzt manche Menschen in eine Depression, ein Phänomen übrigens, mit dem sich öfter Männer in gehobenen Positionen als Frauen auseinandersetzen müssen. Besonders schwer fällt es Narzissten, weil sich in deren Glauben die Welt um sie dreht.

Scheiden sie aus dem aktiven Arbeitsleben aus, fallen manche in ein tiefes Loch und kompensieren mal wieder, indem sie sich eine junge Geliebte suchen. Finger weg von Narzissten, erinnere ich hier noch mal, auch von den älteren!

Mit dem Ruhestand fällt ein wesentlicher Teil sinnstiftender Aufgaben und Beziehungen weg. Auch das Selbstwertgefühl wird angekratzt, denn dieses war häufig durch die Arbeit und Stellung geprägt. All das kann es schwerer machen, mit den Veränderungen klarzukommen, denn natürlich ist der Abschied vom Arbeitsleben eine Zäsur. So ist es klug, den Übergang vorzubereiten und nicht einfach von einem Tag auf den anderen von 100 auf null runterzufahren. Es ist wichtig, sich die Zeit zu nehmen, sein Leben Revue passieren zu lassen und sich zu fragen: Was kann und möchte ich mir nun für die verbleibenden Jahre vornehmen und umsetzen? Welche Träume habe ich mir nie erfüllt und sind dies überhaupt noch meine Träume? Wie sieht mein neuer Lebensentwurf aus? Ist mein Freundeskreis lediglich in meinem Berufsumfeld angesiedelt oder habe ich Menschen in meinem Leben, die aus ganz anderen Kreisen kommen und daher losgelöst von meiner Arbeit weiterhin Bestandteil meines Lebens bleiben?

Manchmal spürt man bei einer solchen Inventur auch Menschen in seinem alten Freundeskreis auf, die nicht mehr guttun: Energieräuber. Bei Energieräubern fühlt man sich wie ein Mülleimer. Sie quatschen einen ständig mit ihren Problemen voll, doch braucht man sie selbst mal, sind sie nicht da. Man muss sich ehrlich fragen: Warum treffe ich mich mit ihm oder ihr? Denn eigentlich gibt es nur Trennendes.

Insofern muss man tatsächlich manchmal Inventur betreiben und seine Telefonliste durchgehen und sich fragen: Was verbindet mich mit diesem oder jenem Menschen wirklich? Ist es ein Energieräuber oder Energiespender? Und sich dann auch trauen, die Verbindung abzubrechen, wenn sie nicht mehr taugt. Im Alter, so empfinde ich es, wird der Freundeskreis kleiner, aber stärker und intensiver! Für mich fühlt sich das richtig und gut an.

Diese guten Freundschaften und meine Partnerschaft mit Frank zu pflegen, macht mich glücklich. Meine Zeit mit diesen Menschen zu teilen, ist mir inzwischen am wertvollsten geworden. Und dann ist da ja noch etwas, das mein Herz beglückt: das Singen.

Das Singen habe ich noch gar nicht so lange für mich entdeckt. Ich hatte auch nie wirklich das Gefühl, dass ich überhaupt singen kann. Doch seit ich jetzt einige Jahre bei meinem fantastischen Gesangscoach und Freund Gerrit unter den Fittichen bin, weiß ich: Jeder kann singen lernen! Eine schöne Begleiterscheinung: Singen ist gesund. Es verbessert die Haltung, stärkt die Abwehrkräfte, bringt den Kreislauf in Schwung und vor allem: Singen macht glücklich. Auch falsch singen übrigens! Der amerikanische Psychologe William James sagte es so: *Ich singe nicht, weil ich glücklich bin, ich bin glücklich, weil ich singe.*

Was mir auch guttut: Je älter ich werde, umso mehr gehe ich vom Außen ins Innen. Ich glaube, es geschieht ganz von selbst, dass das Alter erlaubt, mehr auf die eigene innere Stimme zu hören, weniger getrieben zu sein. Es ist genug Klarheit und Stärke entstanden, Dinge auch einfach lassen zu können. Nicht alles erfordert Aktion, Meinung oder Selbstdarstellung.

Als ich jung war und beim Fernsehen anfing, galten für mich andere Regeln. Ich wollte erfolgreich sein, war gradlinig darin, genau dieses Ziel zu verfolgen. Für die damalige Zeit war das der richtige Weg zum Ziel. Doch diese besondere innere Zufriedenheit, die mich heute erfüllt, ist ein neues wundervolles Geschenk. Ich ziehe dieses Gefühl aus mir selbst, ich brauche nicht mehr die Ablenkung oder den Schein von außen. Natürlich habe ich auch heute manchmal schlechte Tage, aber sie werfen mich nicht um, ich kann sie beobachten und annehmen, wissend, es pendelt sich wieder ein. Eine schöne Ausgeglichenheit ist in mein Leben getreten.

Ja! – Jetzt sag ich Nein!

Deine Fähigkeit, das Wort ‚Nein' auszusprechen,
ist der erste Schritt auf dem Weg zur Freiheit.
NICOLAS CHAMFORT

Jetzt ist auch die Zeit gekommen, zuweilen mal nein zu sagen. Oder auch ja! Wenn ich Lust habe, auf Mallorca zu sein, möchte ich dort sein, und wenn ich in Köln sein möchte, dann eben dort, und wenn ich bei Frank in der Schweiz sein möchte, dann eben das. Ich habe 44 Jahre gearbeitet, einen Sohn großgezogen, und mich dabei oft genug auch mal vernachlässigt – wie viele Frauen das machen, um überhaupt irgendwie über die Runden zu kommen; wir Frauen sind Weltklasse im Raubbau an uns selbst. Und bei uns Frauen kommt eben oft noch erschwerend hinzu, dass wir schlecht nein sagen können und uns tausend Dinge auf einmal aufladen. Das möchte ich nicht mehr. Nicht weil ich nicht hilfreich sein will, sondern weil ich gelernt habe, meine Kräfte achtsam zu nutzen, damit sie überall wirken: in meinem eigenen Leben und bei der Unterstützung anderer.

Liebe Frauen, sagt ruhig öfter nein, und zwar ohne Schuldgefühle. Hört auf die innere Stimme und das wertvolle Bauchgefühl. Und wenn da nicht aus vollstem Herzen ein Ja aus dem Inneren kommt, dann ist es eben ein Nein! Man muss nicht auf jeder Feier tanzen, jeden Kinofilm gesehen, die neueste Mode mitgemacht oder jedes Land bereist haben. Und im Job muss man sich auch nicht immer sofort melden, wenn es darum geht, wer eine anstehende Aufgabe übernimmt.

Ich erlaube mir jetzt mal, zu generalisieren: Männer reden und Frauen setzen um. Geht es um Positionen oder Gehaltserhöhungen, fällt es Frauen dagegen immer noch schwer, für sich selbst einzutreten und zu fordern, was ihnen zusteht. Viele Frauen warten darauf, dass sie gefragt werden oder dass jemand anderes für sie in die Bresche springt. Das funktioniert nicht. Frauen müssen für ihre eigenen Rechte eintreten.

Nein sagen kann ich inzwischen auch viel einfacher, wenn es um Veranstaltungen geht. Früher war ich auf zahlreichen Events, als junge Frau liebte ich es, auf dem roten Teppich zu stolzieren und fühlte mich gut dabei. Ich genoss zwar die Aufmerksamkeit und die Blicke, doch manchmal war es auch so, dass ich nicht wirklich aus Freude dorthin ging, sondern weil ich dachte, ich müsste dabei sein. Ich kann mittlerweile wunderbar nein sagen bei Events. Ich gehe schon noch hin, aber nur, wenn es mir wirklich Spaß macht. Die junge Generation hat mittlerweile ein Wort für Leute, die immer mit von der Partie sind: FOMA. Das sind Menschen, die Angst haben, etwas zu verpassen und deshalb überall auftauchen. Fear of missing out – FOMA. Angst, etwas zu verpassen, habe ich definitiv nicht mehr. Wenn ich immer im Hier und Jetzt bin, dann bin ich doch mitten im Leben. Was sollte ich da verpassen?

Achtsam vom Außen ins Innen

*Denke immer daran,
dass es nur eine wichtige Zeit gibt:
Heute. Hier. Jetzt.*
LEO TOLSTOI

Und genau das ist Achtsamkeit: im Hier und Jetzt sein. Achtsamkeit bedeutet, sich dem unmittelbaren Moment aufmerksam zuzuwenden. Es bedeutet für mich auch, mich mir selbst aufmerksam zuzuwenden. Als ich ohne Partner war, deckte ich trotzdem den Tisch ansprechend, auch für mich alleine. Ich kochte auch etwas Schönes nur für mich, erfreute mich mit einem Glas Wein am Abend, schenkte mir Blumen, bereitete mir ein duftendes Schaumbad und hörte dabei italienische Opernarien. Und sang mit. Natürlich hatte ich bei einem solchen Rendezvous mit mir selbst auch

Glücksgefühle. Mein Glück hängt ja nicht von meinem Partner oder äußeren Umständen ab.

Das Glück kann man nur in sich selbst finden. Und dann teilen. Mit sich selbst. Mit einem Partner. Mit Familie und Freunden, ja, selbst mit Fremden kann man sein Glück teilen – täglich sogar, wenn man auf der Straße einem Menschen einfach ein Lächeln schenkt.

Viele schieben ihr Glück auf: Ja, wenn ich erst mal einen Partner habe ... wenn mir endlich dieses Haus gehört ... wenn ich diesen Arbeitstag hinter mich gebracht habe ... dann werde ich glücklich sein. Doch so wird es nicht kommen, das Glück. Denn es ist in der Seele zu Hause.

Ein guter Nachhilfelehrer bei der Suche nach Glück ist ein persönliches Dankbarkeitsbüchlein, in das man jeden Tag all die Dinge hineinschreibt, für die man dankbar ist: Ich bin dankbar, dass ich heute Morgen aufstand und mir nichts wehtat. Ich bin dankbar für die schöne Mittagspause in der Sonne mit einem leckeren Eis. Ich bin dankbar für das gute Gespräch mit meiner Freundin. Ich bin dankbar für meine Gesundheit, für mein Dach überm Kopf, und dass ich genug zu essen habe. Dies sind ja die Dinge, auf die es ankommt. Diese kleinen Glücksmomente. Ein Dankbarkeitsbuch, in das man all diese schönen Erlebnisse schreibt, bringt das Glück ins Bewusstsein und verdeutlicht uns erst, dass das Glück bereits jeden Tag zu unserem Leben gehört.

Das große Glück in kleinen Dingen

Das Glück wohnt nicht im Besitz, und nicht in Gold,
das Glück wohnt in der Seele.
DEMOKRIT

Für mich ist es ein wahnsinniges Glück, etwas Leckeres zu essen. Das ist definitiv ein Fall fürs Dankbarkeitsbuch. Wenn Menschen den Fokus auf solche Dinge legen würden, dann wäre vieles besser auf dieser Welt. Doch ohne dieses bewusste Betrachten des Alltags – zum Beispiel mithilfe des Dankbarkeitsbuchs – legen Menschen den Fokus auf die zwei schiefen Steine in der Wand, das regnerische Wetter, den verpassten Bus oder darauf, was der Partner wieder für ein Chaos veranstaltet hat. Gut, es ist dunkel und regnet, doch die Pflanzen benötigen das Wasser für ihr Wachstum. Ja, der Partner mag eine faule Socke sein. Aber er ist liebevoll, immer für mich da, zuverlässig, lustig …

Leider entsteht im Kopf immer erst ein Mangeldenken, man sieht nur, was fehlt. Die vielen geraden Steine sieht man nicht, nur die krummen. Jeder Mensch hat krumme Steine, Ecken und Kanten, ja und? Man selbst doch auch. Menschen so zu nehmen, wie sie sind, ist die Kunst. Die gelebte Erfahrung vieler älterer Menschen führt jedoch oftmals dazu, dass sie starrsinnig und kompromisslos kundtun, was sie alles nicht mehr wollen und sich dadurch selbst viel zu sehr im Weg stehen, als mit einem neuen Partner zusammenzukommen oder mit ihren Mitmenschen in Frieden zu leben. Vielmehr sollten ältere Menschen ihr Geschenk der Gelassenheit nutzen und die Welt entspannt betrachten. Ich bin glücklich, dass ich dieses Motto *Leben und leben lassen* umsetzen kann. So können Frank und ich unsere wunderbaren Gemeinsamkeiten teilen und zugleich das respektieren, was uns unterscheidet. So wird die Sicht frei und das Herz offen für die vielen wunderbaren kleinen Dinge, die unser Leben reich machen.

Fettnäpfchen und Narrenfreiheit

Sei wer du bist und sag, was du fühlst.
Denn die, die das stört, zählen nicht, und die,
die zählen, stört es nicht.

THEODOR SEUSS GEISEL

Ein weiteres Plus am Alter: Wir sind freier in den Dingen, die wir tun und sagen. Man kommt mit vielem leichter durch und kann eher sagen, was man will. Es gibt ab einem bestimmten Alter eine Art Narrenfreiheit. Ich war schon immer eine Weltmeisterin darin, in Fettnäpfchen zu treten, weil ich gerne Witze mache und dabei rede, wie mir der Schnabel gewachsen ist. Da gerade im Umfeld von Politik und Prominenz jedes geäußerte Wort auf der Goldwaage der Zensur landet, ist die Narrenfreiheit des Alters zweifellos erleichterndes Geschenk, da die Chance größer wird, für Späße und besuchte Fettnäpfchen mehr Nachsicht und weniger Groll zu ernten. Ich liebe es, Menschen und auch mich selbst auf die Schippe zu nehmen, habe dabei aber noch nie in meinem Leben irgendein öffentlich geäußertes Wort mit bösem Hintergrund gesprochen. Die Leserinnen und Leser, die wie ich in der Öffentlichkeit stehen, werden solche Erfahrungen sicherlich auch kennen. Und die anderen mögen sich glücklich schätzen, dass sie vom Kugelhagel solcher Kritik weitgehend verschont bleiben.

Natürlich gibt es auch völlig nervige Alte, die wirklich nur meckern und an allem etwas auszusetzen haben. Dann denke ich schon mal: *Muss das jetzt sein? Die Sonne scheint doch.* Aber grundsätzlich finde ich, hat es etwas Positives, den Mund aufzumachen. Es ist schön, sich was zu trauen, selbstbewusster und bei sich selbst angekommen zu sein. Ich möchte heute nicht einmal mehr jung sein, es sei denn, ich bekäme die Lebenserfahrung geschenkt, die ich heute habe, denn dann würde ich mir vielleicht manchen unbequemen Umweg sparen, weil ich einfach von vornherein klüger wäre. Andererseits, wenn ich so drüber nachdenke, gehören alle Umwege oder Irrwege letztlich ja doch zur Würze des Lebens. Insofern passt am Ende alles.

Auf zu neuen Ufern!

Entspanne dich. Lass das Steuer los. Trudle durch die Welt. Sie ist so schön.
KURT TUCHOLSKY

Und nun steht sie vor der Tür: meine neue Zukunft, auf die ich mich sehr freue. Natürlich werde ich nicht komplett aufhören zu arbeiten, doch nur, was mir Spaß macht, werde ich tun. Dazu gehört unterwegs zu sein für meine Werbepartner Basica und ADLER, denn das macht mir Spaß. Ebenfalls freue ich mich sehr auf Lesereisen, und natürlich werde ich ab und zu auch mal eine Veranstaltung moderieren, wenn es passt und Freude macht. Insofern bin ich sicher auch mal wieder im Fernsehen zu sehen.

Jetzt kommt also eine neue Zeit für mich. Eine Zeit frei von Verpflichtungen, weil ich nichts mehr wirklich muss. Ich muss kein Kind mehr erziehen und nicht mehr Karriere machen. Ich kann diesen Jahren, wenn ich will, viel neuen Inhalt und diesem Inhalt viel mehr Zeit geben. Und ich kann auch sagen: Diese Jahre, das werden jetzt meine schönsten Jahre. Da werde ich so tolle Erlebnisse haben, dass ich am Ende meines Lebens zurückblicke und denke: Das war meine geilste Zeit – so zwischen 60 und 80. Das hbe ich mir vorgenommen! Und warum soll das nicht wirklich so sein? Auch wenn ich nun weniger arbeite, kann ich viel Sinnvolles machen. Ich habe ja sogar viel mehr Zeit nun, um andere zu unterstützen und natürlich auch mir selbst etwas Gutes zu tun. Es gibt so viele Möglichkeiten, Zukunft wertvoll zu gestalten. Vorausgesetzt die Gesundheit spielt mit, liegt es an uns selbst, das Beste daraus zu machen. Und ja, es stimmt immer noch: Ich möchte eine coole Alte werden!

Frank. Auf dem großen Wasser trafen wir uns.
Mit ihm möchte ich noch manches Meer erobern und manche Klippen umsegeln. Ich liebe Kreuzfahrten, doch weiß ich auch – vor allem seit ich viel achtsamer das Leben und die Welt betrachte –, dass diese Schiffe nach wie vor stark die Umwelt belasten. Ich fühle mich da so ein bisschen zerknirscht wie Jane Fonda, die sich liften lässt, obwohl sie den künstlichen Eingriff eigentlich doof findet und alte Gesichter liebt. Ich wünsche mir sehr, dass unsere sich rasant entwickelnde Wissenschaft für diese Herausforderungen und für alles, was wir meistern müssen, um unseren wunderschönen Planeten zu erhalten, neue Lösungen und Technologien findet.
Und bis dahin? Ich habe eben mal auf der Website der Züricher Wasserpolizei nachgeschaut. Schiffe, die kürzer sind als 2,50 Meter, dürfen in der inneren Uferzone (150 Meter) des Zürichsees verkehren.
Frank und ich. Im Schlauchboot paddeln wir dem Leben entgegen ...
Ich freue mich und bin gespannt, wohin die Reise geht.

© 2020 ZS Verlag GmbH
Kaiserstraße 14 b
D-80801 München

ISBN 978-3-96584-018-8
1. Auflage 2020

Projektleitung & Produktion: 31Media GmbH, Stephan Strauß
Text: Lisa Duhme & Birgit Schrowange
Covergestaltung, Grafisches Konzept, Layout, Satz: affaire populaire; Bianca Domula
Redaktionelle Mitarbeit: Kathrin Mayr
Fotos: Kevin Koelker
Herstellung: Frank Jansen
Producing: Jan Russok
Druck & Bindung: CPI books GmbH, Leck

Die ZS Verlag GmbH ist ein Unternehmen der Edel AG, Hamburg.
www.zsverlag.de | www.facebook.com/zsverlag

Alle Rechte vorbehalten. All rights reserved.
Das Werk darf – auch teilweise – nur mit Genehmigung des Verlags wiedergegeben werden.